神宿る隣の自然

〈編著〉
上甫木昭春
押田佳子
上田萌子
大平和弘

〈著〉
川野和昭
寺田仁志
田原直樹
角野幸博
松尾あずさ
井原縁
高田知紀

祭祀一体の緑から
地域の健全な
暮らし方を探る

口絵１　指宿市上西園のモイドン（鹿児島県／22ページ〈第１章〉）

口絵２　西表島祖納の前泊御嶽（沖縄県／42ページ〈第２章〉）
※祖納：歴史的地名で、現在は八重山郡竹富町の一部となっている。

口絵３　鶯塚の地蔵盆での護摩焚き（大阪市／135ページ〈第６章〉）

口絵４　谷町七丁目の楠木大神（大阪市／137ページ〈第６章〉）

口絵５　宝島の女神山（鹿児島県／209ページ〈第９章〉）

口絵６　茄苳公園内の大樹公（中央の大木）とビオトープ池（台湾台中市／222ページ〈第10章〉）

口絵７　長崎御嶽の公園化。拝殿（右）と遊具（左）（沖縄県石垣市／229ページ〈第10章〉）

口絵８　公園と一体化した地蔵堂（兵庫県淡路島の富島地区／242ページ〈第11章〉）

はじめに

上甫木昭春

街を歩いていると、祀《まつ》られた樹木や祠《ほこら》、鎮守《ちんじゅ》の森などに出合うことがある。それらの場からは、固有な雰囲気が醸《かも》し出され、地域とともに生きている様子が窺《うかが》える。しかし、その存在と地域の人々との関わり方は、時代とともに徐々に変化してきている。本書は、そのような地域の歴史のなかで受け継がれてきた緑である「神宿る隣の自然」のルーツや存続状況、そして現代社会において期待される役割などについて紹介するものである。

「神宿る隣の自然」に着目する背景

まず、なぜ今、「神宿る隣の自然」に着目するのかを、近年の社会動向や人口動向から考えてみたいと思う。

戦後、都市化の進展と都市への人口集中が進み、都市部では人口増に伴う自然改変やコミュニティの希薄化が進行している。一方、地方部では過疎化が進行し、限界集落や墓じまいなど集落そのものの維持が困難になってきている。さらに、都市部、地方部を問わず、少子高齢社会が到来し、それぞれの地域が健全に持続するための方策を探ることが、喫緊の課題となってきている。

このような状況のなかで、日本における都市や環境問題に関する近年の動きをみると、時代とともに地域づくりの方向性が変わってきていることがわかる。

一九六〇年代は、様々な環境問題が顕在化し、それへの対応として環境庁が発足（一九七一年）するなど、環境問題に対する意識が高まった。その後、伝統的な街並み保全や生活空間のコミュニティ創生といった動きが活発になり、「快適な生活環境の創出」が地域づくりの方向性として示された時期だった。

また、一九七二年には、地球上の資源は有限であるという「成長の限界」がローマクラブにより指摘され、さらに一九九二年には地球サミットが開催され、地球温暖化や生物多様性が世界共通の環境問題として認識された。このように、一九九〇年代は、それまでの快適性の確保だけでなく、新たな視点として「自然と共生する環境形成」が進められるようになった時期であった。

そして、地球サミットを受け、日本では環境基本法が成立し、環境全般の行政施策を連携化していく方向が示され、環境問題に関する総合的な方針を定める環境基本計画が策定されることになった。この計画において、一九七〇年代頃までのまちづくりの基本的な視点であった、人間にとっての「保健性、安全性、利便性、快適性」の確保といった視点に対して、第一次環境基本計画では「循環・共生・参加」という視点が、そして第三次計画では「環境・経済・社会」という統合的な環境マネジメントの必要性が提示された。さらに、最新の第五次計画では、「地域循環共生圏」の考え方も提示され、都市域と田園域のそれぞれの人的資源と自然資源をうまく共生させる地域づくりが進められようとしている。

このように、二〇〇〇年代は、ボランティア活動も活発化する一方で、人口減少に伴う地域活力の低下が顕在化するようになり、「自立・持続するまちづくり」への方向性が積極的に進められる時代になってきた。このような動きは、世界的な動きとしてのSDGs（持続可能な開発目標を定め、誰一人取り残さない社会を目指す取り組み）や、人口減少化に伴う地域の活力を維持再生していくための「まち・ひと・しごと創生法」に基づく各自治体での総合的な戦略にも呼応して、自立・持続する地域社会の構築を目指しているのである。

そして、二〇一九年には新型コロナウイルス感染症の世界的流行に陥《おちい》り、そのなかで新たな就業・生業《なりわい》スタイルの模索も始まっている。コロナ禍を受けて、地方部でのUJIターン者の増加なども顕在化してきている。このような状況を踏まえると、自立・持続する地域社会の構築を目指していくために、今まで以上に、それぞれの地域の魅力を再発掘する必要性が再認識される。

近年、まちづくりにおいても、歴史的側面が強化された「歴史まちづくり法」も成立し、地域の歴史へのまなざしは強くなってきている。地域の魅力の再発掘に際しては、地域固有の歴史資源に着目することが有効であると考えられるが、本書で取り上げようとしている「神宿る隣の自然」は、政教分離の原則の建前上、公的に保全活用されることが難しく、これまでは限定的な活用に留まっている。しかし、「自立・持続するまちづくり」を進めていくためには、それに関わる人々の地域への愛着がその原動力になる。その愛着を醸成するのが、地域の拠《よ》り所となっている祭祀の場でもある「神宿る隣の自然」なのではないだろうか。

祭祀の場などの動向と本書のねらい

次に、近代の日本において、祭祀の場などがどのように保全活用されてきたか、その動向を整理したいと思う。

祭祀の場でもある郷土の名所旧跡を保存する制度は、一八九七年の古社寺保存法の制定に始まるが、一九〇六年の一町村一社に統合しようとした「神社合祀《ごうし》の勅令」によって、多くの神社とともに、鎮守の森が姿を消した。この鎮守の森の消滅が、森に生息する動植物に絶滅の危機をもたらし、さらには地域住民の生活・経済・コミュニティの破壊にもつながるとして、反対運動を行ったのが南方熊楠《みなかたくまぐす》であった。神社合祀は一九二〇年で終息したが、この時期に南方熊楠が訴えたエコロジー（植物生態学）の思想は、今日の自然保護の先駆けとなった。

一九一九年には史蹟名勝天然記念物保存法が制定され、一九五〇年には、法隆寺（奈良県生駒《いこま》郡斑鳩町《いかるがちょう》）の金堂壁画が失火により焼失した事件を契機として、文化財保護法が制定された。文化財保護法では、史跡等の指定地のみならず、周辺環境との一体的な保護を図ることが史跡等の保護にとって最も望ましいとして、周辺環境の保全についても定められているが、保存のために必要な地域の範囲が明確にされていないなどの理由により、鎮守の森等の歴史的緑地に対して現実的に適用された事例はない。

文化財と一体となった周辺環境の保全の方策が実質的に進められるようになったのは、戦後の著しい都市化にともない起こった、神奈川県鎌倉市の鶴岡八幡宮裏山での宅地開発がきっかけであり、一九六六年に制定された「古都における歴史的風土の保存に関する特別措置法（古都保存法）」によってである。この法律で、緑地の現状凍結的な保全手法が確立された意義も大きい。しかし、鎮守の森などの「宗教性」を有する緑地では、政教分離の原則の建前上、国や地方公共団体の行政上の保護がなかなか受けられない状況にある。

しかし近年、経済社会の成熟化とともに、人々の価値観も量的充実から質的向上へと変化してきた。また、地域の歴史や文化、風土に根ざした美しい街並みや良好な景観に対する人々の意識も高まってきている。したがって、祭祀の場と一体となった緑は、自然的環境としても文化遺産としても価値があり、また、地域の固有性を表出する緑のツールとしても重要であると考えられる。

近年制定された「景観法」や「歴史まちづくり法」、さらには、鎮守の森をはじめとする社寺林、塚の木立、ウタキ（御嶽）等について学際的な調査研究を進めようとして設立されたＮＰＯ法人社叢《しやそう》学会なども、以上のような背景に基づいて成立したものであるといえる。

このような状況で、筆者らは、伝統的な祭祀の場に関する研究を科学研究費を活用して進めてきている。わが国には、神社がおこる以前の形態を有する伝統的な民間信仰の祭祀空間が、鹿児島のモイドン（森殿）、奄美のノロ祭祀とカミヤマ（神山）、八重山のウタキなどに残っている。それらは、本書・第１部の中で詳述されるが、モイドンとは、集落の守護神であり、神社としての建物はもたず、古く大きな木を神体とし、集落の主要な場に祀られることが多い。ウタキは、琉球諸島では地域の祭事の中心的な存在であり、信仰の対象となる森や泉そのものを低い石垣などで聖域として顕在化しているところが多い。カミヤマは、集落の背後にある保全されている山であることが多く、そこから海へつながる神聖なカミミチ、ミャーと呼ばれる広場などが集落の装置として現存しているところもある。

このように、伝統的な祭祀の場には、背後の裏山を守る防災機能や集落入口部を明示するランドマーク機能を有すると考えられるものや、定期的に花香《かこう》（神に供える花と香）や祭りが継続するなど地域のコミュニティ形成に寄与しうるケースもみられる。そして今なお、伝統的な祭祀の場は、地域住民の精神的な拠り所となっており、地域再生に寄与する地域固有の資源として重要な役割を有していると考えられる。

すなわち、これからの「自立・持続するまちづくり」を進めるなかで、「神宿る隣の自然」は、地域の魅力を高める有力な資源といえるのである。

本書の構成

本書では、筆者らが調査してきた、九州南部から沖縄地方に残っている森そのものを信仰する文化である、「モイドン」「ウタキ」「ノロ祭祀」などを、主な伝統的な祭祀の場として紹介したい。日本には、上記以外にも、若狭《わかさ》（福井県）のニソの森、滋賀の野神、種子島のガロー山など、多くの伝統的な祭祀の場が残っている[注]（岡谷、一九八七）。さらに、近隣の韓国の堂山《タンサン》、台湾の大樹公《ダーシュウゴン》（中国語読み）なども、ほぼ同様の伝統的な祭祀の場である（李、二〇一二）。

本書は大きく三部で構成する。

まず第1部では、伝統的な祭祀の場である「モイドン（森殿）」「ウタキ（御嶽）」「ノロ祭祀」などを事例として、その現状と課題を探る。それぞれの祭祀の場は、各集落の始祖的な場でもあり、祭祀の場の役割や空間構成などを紹介するとともに、これまでの保全の取り組みや、今後の継承や活用に向けた課題と取り組みの方向性を考える。

次に第2部では、都市化が進行している大阪や東京において、祭祀の場がどのように存続してきているか、その実態を紹介する。戦災、震災、都市化など激動の時代を切り抜けてきた、祭祀の場がもっている底力を確認したい。

最後の第3部では、現代社会において、祭祀の場に期待される今後の役割や取り組みを紹介したい。地域コミュニティが希薄化するなかで、祭祀の場が地域の人々によって維持されることが難しくなっている現状において、新たな役割や新たな仕組みなどを考えるヒントを提示する。

なお、本書で扱う祭祀では、氏子《うじこ》が参加する一般祭祀と、不特定多数の観客が関わる祭りなどを主な対象とする。また、本書で扱う日本の祭祀の場は、集落の成立との関わりも深いので、基本的には神社を主な対象とする。大阪市の社寺の変容など、神社と寺が一体となった事例は対象とするが、寺そのものに焦点は当てていない。

現代社会は様々な病《やまい》を抱えている。たとえば近年の地域社会の課題として、核家族化や居住の流動化などが進み、地域との繋がりが少ない世帯が増えていること、そのなかで特に問題なこととして、地域との繋がりをもつ術《すべ》がわからない人々が増えていることが指摘されている。そのような社会状況のなかで、「神宿る隣の自然」は、その本来の機能や現状が再認識されることにより、「地域を繋ぐツール」として活かしていくことも可能になると考えられる。そして、「神宿る隣の自然」を媒体とした地域コミュニティの再生や、精神的拠り所となる場の創成といった本来の意味を、地域に再移植していくことも必要だろう。健康な地域環境を形成するためには、機能的・景観的・生態的な空間計画だけでは不十分で、精神的・文化的・宗教的な側面をどのように導入していくかが今後の地域づくりの大きな課題といえる。

（注）カッコ内に名字・西暦のみ明記したものは、参考文献（271ページ～）に該当書籍等の詳細を記載した。

神宿る隣の自然　目次

第2章　八重山の御嶽と祭祀　大平和弘

第3章　奄美大島のノロ祭祀とカミヤマ　押田佳子

第2部　都市域における祭祀の場の存続状況

第6章　大阪市街路に残された聖なる路傍樹　上甫木昭春・上田萌子

装幀　本澤博子
図版作成　株式会社ウエイド
写真提供　著者以外からの提供元は掲載ページに明記
　著者からの提供については明記しない

第1部

始祖的な祭祀の場の現状と課題

第1章

鹿児島の森の神 ――モイドン――

上田萌子

二〇一四年の夏、筆者は初めて、鹿児島の原始的な森の神を訪ねた。薩摩《さつま》半島南部の指宿《いぶすき》市東方道上《ひがしかたみちうえ》にある「上西園《かみにしぞの》のモイドン」（口絵1）は、民家や畑に隣接し、一見すると集落の中に遍在する、こんもりとした一叢《ひとむら》の藪《やぶ》のようだった。しかし、民家の前から通じる小路を抜けると、目の前に現れた一本の大木が放つ異様な空気に、何とも言い難《がた》い不思議な思いがした。地中より湧き出るように生えた幹。四方に伸びたいくつもの太い枝。真夏のまばゆい日差しを照り返す無数の真緑《まみどり》の葉。今から振り返れば、直感的に神の木に対する崇敬の念が働いたのではなかろうかと思う。

この幹回り九メートルにも達する大木は、神の依代《よりしろ》となるアコウという樹木である。木の根元に小さな注連縄《しめなわ》が張ってあるだけの簡素な形態で、建物はない。以前に沖縄本島や八重山の島々で見た、建物のない薄暗い木立が祭場である御嶽《ウタキ》に類するつくりであった。しかし、森の中の空間に神域感を生じさせる御嶽とはどこか違う、巨木が発する神性さが漂っていた。いずれにしても、神社よりも古い形態を残すといわれるこの原始的な森の神は、「神宿る隣の自然」を強く感じさせてくれる存在に思えた。

モイドンとは

モイドンとは、モイ（森）にドン（殿）という敬称をつけたもので、薩摩・大隅《おおすみ》半島にしばしば見られる古い民間信仰の聖地、あるいはそこで祀られる神のことを指す。森といっても大きなものではなく、時には一本の大木や一叢の藪だけのこともある。中には、自然石を地上に置いてあるもの、石の祠や石碑を建ててあるものも見られるが、社殿がないのが普通で、小宮や祠のあるものは後の変化と考えられている。森の樹木、特に大木が神の依代《よりしろ》で、後にこの樹木、あるいは森そのものが神とみなされるに至ったといわれる。すなわち、神社がおこる以前の、祭りのたびに神を迎えていた時代の信仰の名残《なごり》をとどめている（岡谷、一九八七）。

モイドンには、木を伐《き》ったり、枝を折ったりすると、祟《たた》りが生じると信じられている。これは、後述するように、モイドンが墓地に埋めた先祖を祀るものであったことに関係しているらしい。森を聖地とする信仰には、共通して祟りや恐れがあるといわれる。一方、モイドンは子どもを守り育てる神であるとも伝えられている。この伝承がどのような過程で生じたのかはわからないが、モイドンは古くから、禍福をもたらしながら、この地方の人々の隣にあり続けてきたことが窺える。

モイドンと門

ここで、モイドンを祀る人々に触れておきたい。それは、薩摩・大隅半島で門《かど》と呼ばれる、藩政時代以来の農村集落の単位であり、モイドンは門の神であるとされている。かつては門ごとに農地が割り付けられ、耕作がなされていた。ゆえに、門は士族、漁業者、商業者の集落には存在しない。門は、乙名家《おとなけ》といわれる門の筆頭家と数名の名子《なご》で構成される同族集団である。

門では一年に一度、モイドンの祭り（森講）が行われる。木の根元に弊《へい》を立てて、神職を招き、門の戸主が供物《くもつ》を持参して祈る。その後、祭りの当番の家で直会《なおらい》（宴会）をする。

モイドンの起源には、門、そして墓地との深い関わりがあるといわれる。以下は、モイドンの事例収集に多大な貢献をされた民俗学者の小野重朗《おのじゅうろう》氏による推論である（小野、一九五

図1−1　モイドンと門・墓地の時代的考察

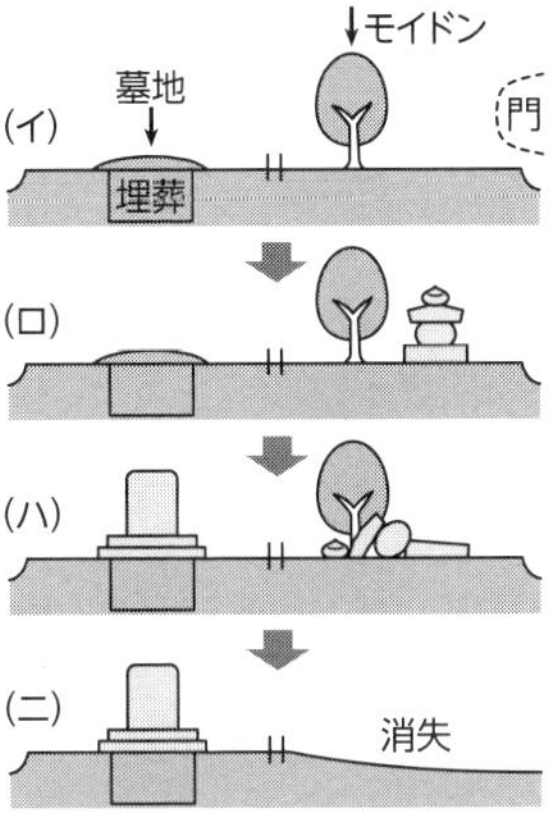

墓地とモイドンの関係図式

(イ) 墓石を作らない時代。モイドンが墓地と門の間にあり、先祖の霊を祀る。

(ロ) 墓石を作らない時代の末期、埋葬地に近いモイドンで先祖を祀る際に仏教の影響でモイドンの中に供養塔として小五輪塔を作る。

(ハ) 中央から埋葬地の上に墓石を建てることが流行し、同時に墓地が祭場となり、モイドンの先祖の霊の祭場としての意義が薄れていく。

(ニ) モイドンが消失し、墓地のみが残される。

※出典：『モイドン概説』小野重朗〈1957年〉を参考に作成

七）。

モイドンと門、墓地の位置関係に注目すると、これらは墓地、モイドン、門の順に並んでいる例が多い。また、モイドンは墓地より門に近く、しかし門の外にある。さらに、モイドンの中には供養塔や石碑が散見される。これらのことから、モイドンは墓地に近い所で墓地に埋めた先祖たちを祀る祭場ではないかと考えられたのである。モイドンの祟りも、死霊に対する恐れから来ていると想像される。加えて小野氏は、次のようにモイドンと門・墓地の時代的考察を試みている（図1−1）。まだ墓石を作らない時代、モイドンが墓地と門の間にあり、そこで先祖の霊を祀っていた（図の(イ)）。次に、墓石を作らない時代の末期、埋葬地に近いモイドンで先祖を祀る際に、仏教の影響でモイドンの中に供養塔として小五輪塔を作ることが行われた(図の(ロ))。その後に中央から埋葬地の上に墓石を建てることが流行してくるにつれて、墓地に墓石が建つようになり、同時に墓地のほうが祭場(あるいは参り場所)となってきた(図の(ハ))。そして、モイドンの祖霊の祭場としての意義も薄れることとなり、やがてモイドンが消失し、墓地のみ残されるという経過をたどったというものである(図の(ニ))。以上のような推論からは、モイドンの意味性が時代を経て移りゆく様を窺い知ることができる。

もう一つ、モイドンと門に深く関わる神が存在する。それは、内神(ウッガンサー、ウッドンなど)といわれる門の神である。モイドンと明確に異なる点は、内神には小さいながらも必ず石や木でできた祠や建物があり、その中に石などの神体が入っている。すなわち、樹木を神体または依代にしないことである。また、内神の多くは乙名家の屋敷の内にあり、祟る性質はない。小野氏の推考によれば、元来、門の外のモイドンで祖霊を祀っていたものが、後に祖霊を門の内まで迎え入れ、門の祭祀の中心であった乙名家の傍に石を神体として祀ったのが内神である。内神は神体の石を神として信仰する神社的信仰心をもった人々により作られ、門内にあって門を守る神という意味で内神と呼ばれたと考えられている。内神は、モイドンという民間信仰の移り変わりを示す存在としてたいへん興味深い。

このように、モイドンと深い関わりのある門であるが、二〇一四年以降に、指宿市や大隅半島の錦江町《きんこうちょう》などで我々が行った聞き取り調査では、門を構成する戸数は一〇軒に満たないことがほとんどであった。現在、コミュニティの基盤となる単位は複数の門の集合である「集落」であり、集落ごとに公民館が存在し、様々な地域活動が行われている。さらに近年は、少子化により小学校の統廃合が進み、複数の集落の集合である校区というコミュニティ単位も存在する。このような地域コミュニティの変容は、モイドンの存続に大きく影響すると思われた。モイドンの最近の存続状況を明らかにするため、我々は現地調査を開始した。

錦江町周辺のモイドンの存続状況

モイドンに関する既往報告は、そのほとんどが前出の小野重朗氏が執筆したものか、関係したものである。その中でも特に、小野氏が勤務していた指宿高校の郷土研究部の機関誌「薩南民俗」に多数の調査成果が記録されている。それらの報告（小野、一九七〇）によれば、モイドンは鹿児島県の各地に見られ、薩摩半島には消失したものも含めて五八件あり、その半数が南部の指宿市に分布している。また、大隅半島では消失分を入れて四六件あり、南部の錦江町周辺に半数近く分布が確認されている。これらの資料からは、調査が行われた昭和三十年代頃の当時、すでに多くのモイドンが消失するか、かつての面影を失っていたことがわかる。この小野氏らの調査から六十年近く、まとまった状況報告はなされてこなかった。

我々はまず、モイドンの主要な分布地の一つである大隅半島の錦江町周辺で、二〇一四年から二〇一五年にかけて、小野氏らが記録したモイドンのうち一七件について、存続状況を現地確認した。調査には、錦江町役場の長濱正明氏、中原照幸氏、高崎満広氏に同行いただき、モイドンの所有者や管理者の方々への聞き取りも行った（上田他、二〇一六）。現地確認の結果、現存するモイドンは九件で、小野氏らの調査時に比べ、ほぼ半減していた。残りの八件は、圃場《ほじょう》整備や道路整備によって消失したとみられるが、詳細な場所を確認することはできなかった。予想はしていたものの、モイドンの衰退が深刻化していることは明らかであった。

現存するモイドンであっても、多くは何かしらの変化を受けていた。たとえば瀬戸山《せとやま》のモイドンは、瀬戸山集落のすぐ背後にある小高い山の一角にあり、その山の一部は町営の墓地公園となっていた（写真1－1）。この墓地公園は、一九七二年に造営され、その際にモイドンの敷地の半分以上が駐車場に改変されたという。モイドン内には大きなシイノキと数本のビロウが生え、シイノキの根本付近が拝所となっており、石碑や石の祠、狐《きつね》の置物が複数置かれていた。このような内部の様子は、古くからの神秘性を感じさせるものであるが、モイドンの入口には朱色の鳥居が立ち、鳥居から拝所までが参道のような開けた空間となっており、神社化しているようにもみえた。モイドンの中にある石碑は、このモイドンを祀る落《おと》司《し》門《かど》の祖先と伝わる真田幸村父子の墓であると称され、幸村が狐を使ったと伝わることから、ここは稲荷だともいわれる。役場の方の話によると、特に若い世代はモイドンを知らず、「ここは狐塚で、虫捕りなどに行ってはいけない」と子どもの頃に言われたという。信仰対象がモイドンから狐、稲荷に変化しているようだった。モイドンの祭りは、門の乙名家である落司家により年に一回行われるが、参加者は落司家の家族のみであり、他家の参加はないという。

郷之原のモイドンは、水田の中にぽつんと

写真１－１　瀬戸山のモイドン

ある、言われなければモイドンとは気づかないような一叢の茂みであった。マテバシイなど三本の木が生え、根元に石碑が建ててあった。「木を伐ると罰《ばち》が当たる」といわれ、恐れられている。ここはかつて圃場整備をした際に、農業委員会や行政の判断でモイドンを残すことに決め、道路拡幅の時にもモイドンを避けたという。モイドンの聞き取り調査をすると、その多くで周辺の物理的改変の影響を耳にしたが、公的機関の判断がモイドンの存続にとって重要だと思わせる事例であった。

現存するモイドンの中には、場所が移動した事例が三件あった。移動になった主な理由は農地整備や施設の設置、山崩れによる通行不可などであるが、いずれもモイドンに付随していた自然石や石の祠を移動先で祀っていた。移動先は農地の一角、個人宅の庭、公民館の前と様々である。公民館の前に移動した事例では、「氏神社《うじがみしゃ》」といわれる内神として、山神や鎮守神社と並んで一緒に祀られており、地域住民にはモイドンとしての認識がなくなっていた。神体である樹木がなくなった時点で、もうモイドンとはいえないのかもしれない。

以上のように、周辺の物理的改変が、明らかにモイドンの敷地減少、移動、消失の大きな要因となっていたが、モイドンにおけるもう一つの大きな変化は地域住民との関わりである。聞き取り調査では、祭りが実施されているモイドンは二件、清掃や供花などの日常的な管理が行われているモイドンは一件のみであった。また、祟りの認識が消失したモイドンもあった。これは、人々のモイドンに対する関わりや認識が希薄化していることを示しており、この傾向は今後さらに加速すると思われる。さらに、モイドンの管理体制については、所有・管理ともに個人（多くが乙名家）が担っている事例がほとんどであり、集団で関わっているのは一件のみであった。この管理体制が、モイドンの衰退を助長しているとみられる。

このようにモイドンを取り巻く周辺環境や人的環境が大きく変化するなかで、今後どのようにモイドンを継承していくのか。その手立てを探るべく、我々は指宿市での調査に乗り出した。

文化財指定によるモイドンの保全

モイドンの継承には、地域社会での維持管理が不可欠であるが、それだけでは不十分であり、公的な支援が必要な時代になってきている。指宿市は、モイドンの継承のために鹿児島県内で唯一、文化財指定を実施している自治体であり、二件のモイドンが対象となっている。文化財指定は、現状における有力な公的保全施策の一つといえるが、一九七六年の指定から四十年以上を経てモイドンを取り巻く状況が変わりゆくなか、モイドンの継承のために有効に機能しているかを検証する必要があった。また、少子高齢化社会でモイドンを継承していくには、地域社会におけるモイドンに対する関心や保全意識を明らかにする必要があると考えた。そこで我々は、指宿市考古博物館の鎌田洋昭氏に協力を仰ぎ、民俗学が専門の川野和昭先生と植物学が専門の寺田仁志先生にも参画していただき、二件のモイドンの現状を把握すべく、現地調査と管理者への聞き取り調査を行った（上田他、二〇一八）。

上西園のモイドン

文化財のうちの一件は、冒頭で紹介した上西園のモイドンである。敷地は四〇〇平方メートルほどの平地で、樹高約二二メートル、周囲長約九メートルのアコウの大木が神体として鎮座している（図1－2）。モイドンが位置する道上《みちうえ》集落は、二〇一七年六月時点の世帯数が九二戸で、モイドンが比較的多く分布する集落として知られている。その中でも上西園のモイドンには、この他に山ノ神、内神、稲荷神といった神々が一カ所に集まっていることから、民俗的価値を有しているとして文化財に指定された。

管理者の上西園隆氏からは、モイドンの祭りや管理内容の変化を教えていただいた。昭和三十（一九五五）年頃までは門の一六戸で祭りをしていたが、戸数は四戸にまで減り、二〇一七年には祭りが廃止になったという。現状では上西園氏が中心となって門の人々で清掃や花替えをしているとのことだった。文化財に指定されてからは定期的な管理費が支給され、アコウの枝を支える支柱や防草シートの設置などに利用されているそうだ。驚いたのは、モイドンの敷地の一部で、かつて六月灯《ろくがつどう》という鹿児島の伝統的な夏祭りの行事を行っていたことである。モイドンが地域の一時的な小公園のような役割を担っていたことを示しており、興味深い。上西園氏は、モイドンを地域の人が集《つど》えるような場所にしたいと話しておられた。それは、これからのモイドンの残し方の一つなのかもしれない。

吉永のモイヤマ

文化財となっているもう一件は、吉永のモイヤマ（森山）といい、指宿市池田の仮屋《かりや》集落にある。上西園のモイドンと

図1−2　上西園のモイドンの現況図

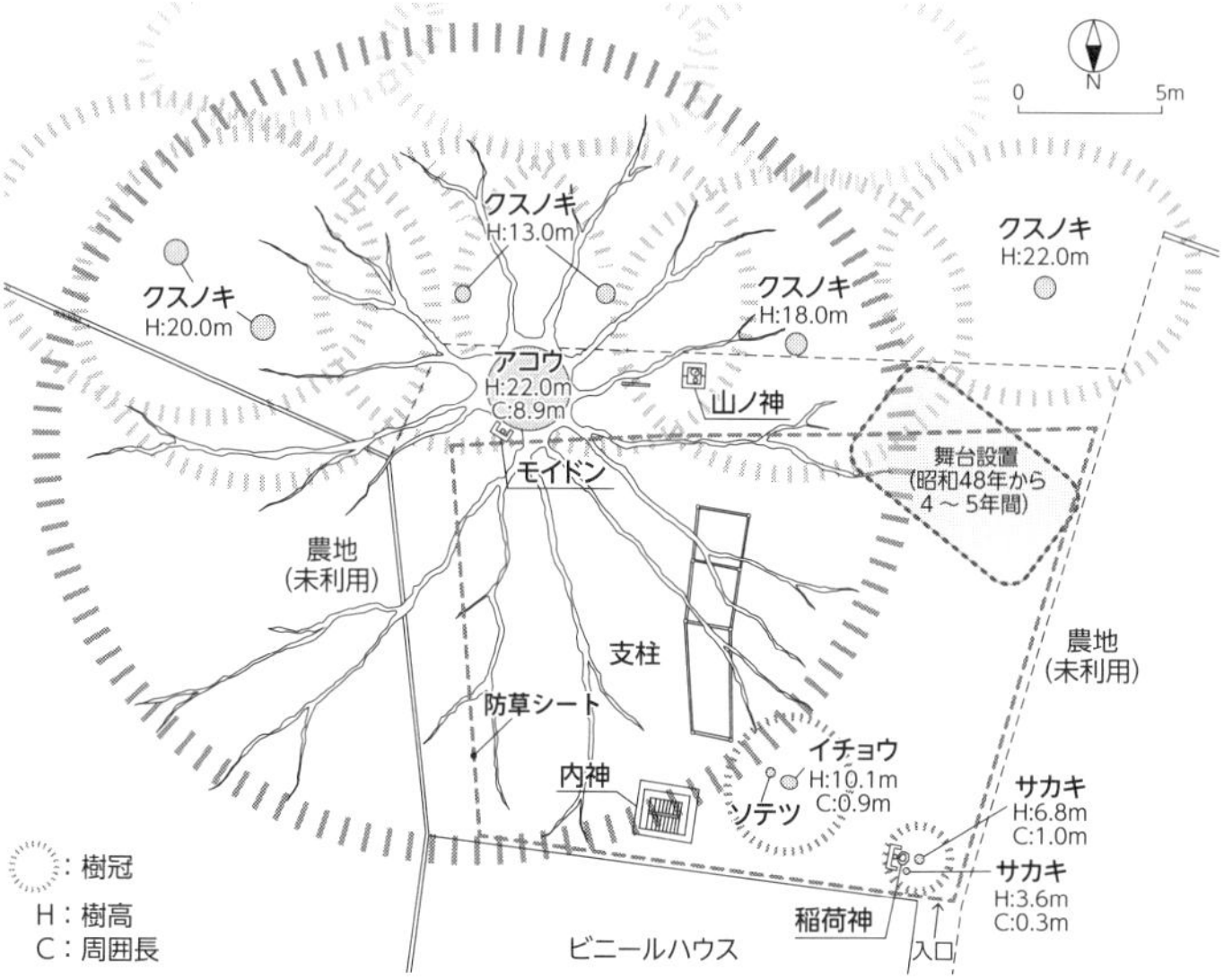

は異なり、敷地は道路からの高さ約五〜七メートルの高台で、タブノキをご神体とし、外観はこんもりとした藪である（写真1－2）。六八戸の世帯数（二〇一七年六月時点）をもつ仮屋集落には道上集落に次いでモイドンが集中しており、中でも吉永のモイヤマには秋葉大明神、内神、地神も祀られ、高い民俗的価値を有している（図1－3）。

管理は吉永門を中心とした九戸で構成される「吉永モイヤマ管理委員会」が担っており、代表の吉山俊博氏にお話を伺った。昭和三十年頃から祭りを担う戸数に大きな変化はないものの、昭和三十年代に森講以外に実施されていた秋葉講などの複数の祭りが次第に統合されて、「吉永モイヤマ講」というモイドンを中心にした祭りになったという。これは、時代とともに祭りが簡素化されていることを示している。一方、清掃などの日常的管理はかつてモイヤマの隣に住む土地所有者が行っていたが、不在となった一九八八年頃から管理委員会が引き継いで今に至っている。管理資金は市から支給され、清掃などの日常的管理に使用され

写真1－2　吉永のモイヤマのタブノキ

図1−3　吉永のモイヤマの現況図

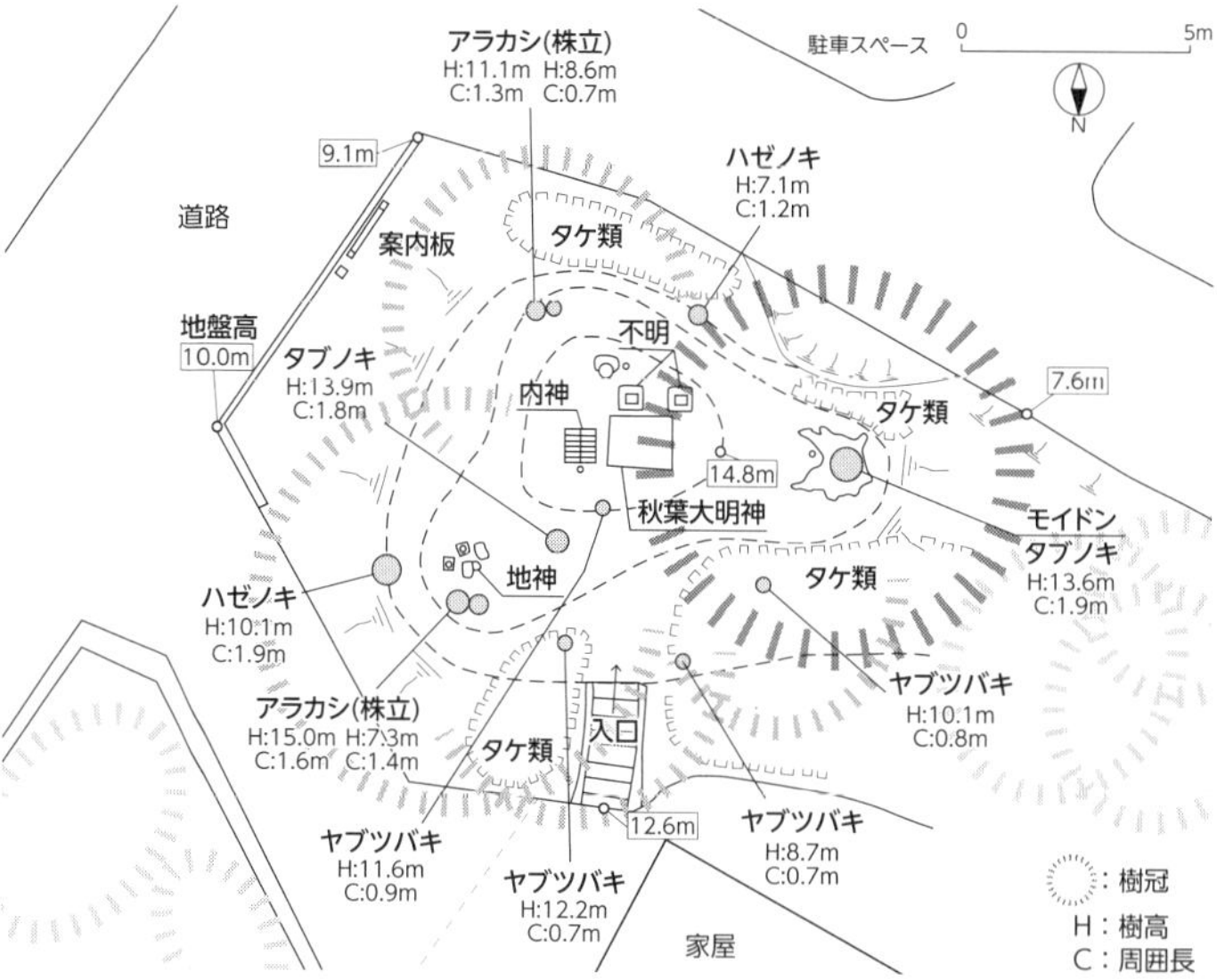

ており、文化財保護のための補助制度を利用した危険樹木の伐採も行われたそうだ。モイヤマは高台に位置し、周囲に住宅が迫っているため、成長する樹木が危険を及ぼさないか、常に配慮が必要な存在のようだ。「モイヤマの祭りや掃除をしないと何か気持ち悪いけれど、みんながまとまるきっかけになっている。ただ、限定的なコミュニティなので、戸数が減っていくなか、内発的に継承するのは難しい」と語られた吉山氏の言葉が印象に残った。

次に我々は、道上集落と仮屋集落の全世帯を対象に、モイドンに対する関心や保全意識を把握するためのアンケート調査を実施した。まず、モイドンの存在をいつ知ったか尋ねたところ、道上で約七割、仮屋で五割弱が「文化財指定前から知っていた」と回答し、モイドンが古くから知られた存在であることがわかった。一方、仮屋では「文化財指定後に知った」という回答が四割弱あり、指定がモイドンの存在を広めることに寄与していることも窺えた。また、モイドンに対する保全意識については、「積極的に保全すべき」と「できる限り保全するのが望ましい」を合わせた回答が両集落ともに六割以上あり、モイドンの保全活動への参加意向も、「積極的に参加してみたい」と「内容によっては参加してみたい」を合わせた回答が両集落で五割以上あった。これは、モイドンに対する地域の人々の保全意識が低くはないことを示している。さらに、仮屋ではモイドンを「文化財指定後に知った」と回答した割合が高いと同時に、保全意識や保全活動への参加意欲も高く、文化財指定により意識が高まる可能性が示唆された。

以上のように、文化財指定はモイドンを公共の財産として、費用面のサポートや地域住民へ普及ができるという観点において有意義であると思われる。モイドンの衰退が進む現状においては、数少ない公的な保全手法の一つとして検討されるべきものではないだろうか。その際は、単体ではなく群で、さらに複数の市町村が協力して指定がなされると、モイドンの価値を広く共有できるだろう。ただし、公的な支援はあくまでモイドンの継承に寄与しうる一つの側面であり、解決策ではない。モイドンを取り巻く人的環境をどのように変えていけるのかが、これからの大きな課題になると思われる。

モイドンに関わるコミュニティのあり方の検討

錦江町や指宿市での調査から、モイドンの維持管理を担う人々、すなわち門のあり様が、モイドンの継承に大きく左右することが見えてきた。それは、モイドンに関わるコミュニティのあり方を検討する必要性に迫られていることを意味する。

そこで我々は、地域に存在する門以外のコミュニティである集落や校区に注目した。先に述べたように、現状の地域社会の基盤となるコミュニティは集落であり、近年は校区というさらに大きな単位も存在する。門でモイドンの祭りや内神の祭りが行われる一方で、集落や校区の単位でも様々な伝統行事が行われているのである。このような運営規模の異なるそれぞれの伝統行事について、地域住民の参加状況や今後の継承意向を比較することで、今後の門の伝統行事、すなわちモイドンへの関わり方のあり様が見えてくるのではないかと考えた。

我々は、上西園のモイドンのある道上集落や吉永のモイヤマのある仮屋集落を含む指宿市内の六集落を対象に、全世帯のアンケート調査を試みた（上田他、二〇一九）。そして、門で実施されているモイドンの祭りや内神の祭りの他に、集落や校区の単位で実施されている行事として「六月灯」や「鬼火焚き」を取り上げ、それぞれの参加状況と今後の継承意向を尋ねた。六月灯は先に触れたように、旧暦六月に実施される鹿児島の夏の風物詩で、灯籠や歌、踊りが奉納される伝統行事である。鬼火焚きは、一月に正月飾りを持ち寄って燃やし、邪気を払う伝統行事で、本州では「どんど焼き」などと称されている。

調査の結果（図1－4）、「参加状況」については、モイドンの運営門では、全世代で四割程度が祭りに参加しているが、参加経験のない人も四割程度いて、運営門の中でも限られた人が祭りに参加していることがわかった。一方、モイドンの非運営門では、全世代で「参加経験なし」が七割程度を占めていた。なお、非運営門でも祭りに参加している人がいたが、これは集落内で運営門から非運営門へ居住が移るケースがあったためである。次に「今後の継承」についてだが、運営門、非運営門にかかわらず、全体として継続の意向が半数近くあった。しかし、運営門では二十～五十歳代の継続の意向が三割程度に留まっており、世代間で継続の意向に違いがみられた。これは、若い世代の門への帰属意識の低下を示していると思われる。モイドンの祭りでみられたこれらの傾向は、内神の祭りでも類似していた。このような結果から、住民の門への帰属意識は低下しており、門を単位とした地域コミュニティはほぼ崩壊していることが想像される。ゆえに、現状の門単位ではモイドンや内神の祭りの継続は非常に困難であるといわざるを得ないだろう。アンケートの自由回答では、モイドン

図1−4　モイドンの祭りの参加状況と今後の継承意向

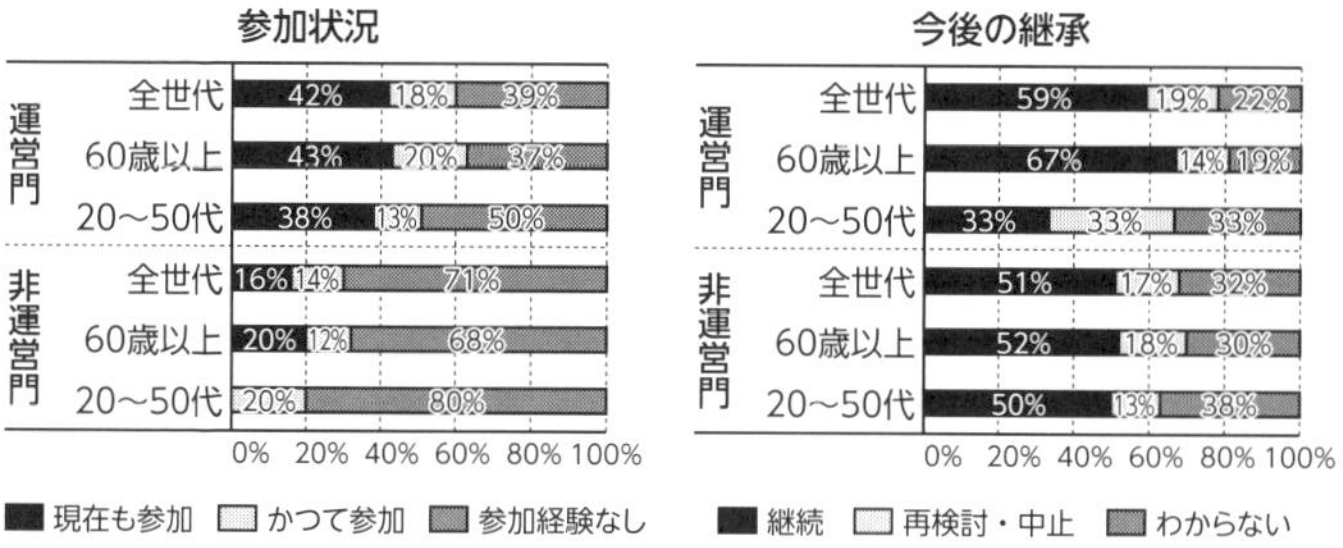

の非運営門の住民から、「門の人以外の参加がない限り、伝統行事が衰退していくのが残念」という意見もみられ、運営門を超えた参加のあり方の検討が期待される。

一方、六月灯や鬼火焚きは、参加している人が全世代で六割以上を占め、あらゆる世代が参加していた。これらの行事が、地域社会の中心的な行事として定着していることが窺える。モイドンの祭りの継承意向が低くないことを踏まえると、集落の中心的行事である六月灯と一体化するなどの再編により、祭りに関わる運営規模を拡大する必要があるのではないだろうか。実際に道上集落では、元は特定の門により管理されていた春日神社が、門での管理が難しくなり、公民館（集落）に管理を移行したと伺った。そして、集落で行う六月灯の時に神社の祭りも行っているそうである。

しかし、アンケートでは、六月灯や鬼火焚きの今後の継承については、全世代で「継続」が八割近くあるものの、二十〜五十代では「再検討・中止」が四割程度あり、世代間で意識の差がみられた。ここに、若い世代の伝統行事への関心の低下が表れている。自由回答では、「余計な行事は減らしても仕方ない」「伝統行事の意義が若い人に伝わっていない」といった意見が目立った。祭りの運営規模の検討とともに、各伝統行事の由来や地域社会における意義を伝えていくことも併せて重要な課題といえる。

我々は二〇一九年に、これまでに実施してきた調査の市民向け報告会を指宿市考古博物館で開催したのだが、その際に学校教育における学習素材としてのモイドンの可能性に話題が及んだ。モイドンをはじめとする郷土の伝統文化に対し、学校教育で光が当てられることを今後期待したい。

「神宿る隣の自然」を未来へ

筆者はモイドンの調査を進めながら、このような森の神は古くから、日本中の身近なありふれた自然の中に存在し続けてきたことを肌で感じていた。同時に、物理的改変を受けて、多くの神が去ってしまったことも目《ま》の当たりにした。また、モイドンを取り巻く社会状況が大きく変化するなかで、仮に物理的改変を免れたとしても、モイドンの森の神としての意味、畏《おそ》れや祟りといった神秘性をそのまま継承することは、今後難しくなっていくと思われた。モイドンが内神に移り変わったり、子どもの守り神になっていったことをみれば、変質していくことは避けられないのかもしれない。あまりに変質した先にはもう、元の神はいないのかもしれない。そのような存在に至ったものを保全する意義があるのか、様々な意見が出されるだろう。

しかし、モイドンの本来の性質が完全に守られなくても、今辛《かろ》うじて残っているモイドンの現状を記録し、継承する手立てを考える意義はあるのではないか。モイドンが門の枠を超えて集落の神になったり、上西園のモイドンが地域の憩いの場に変わっても、それが地域の固有性をもった人々の新たな拠り所となれば、大きな意味がある。

モイドンは古くからある地域の代表的な自然の象徴であって、自然やそこに住む目に見えない大いなる存在を崇《あが》める文化、そしてそれらを祀ってきた祖先を敬《うやま》う文化といえよう。それはどんなに時代が過ぎゆこうとも、理屈抜きに守っていきたいものであり、過去から残された未来への財産であると強く思う。

第2章

八重山の御嶽と祭祀

大平和弘

沖縄県八重山諸島の村々には、御嶽《ウタキ》（口絵2）と呼ばれる祭祀の場が数多く存在する。本土の神社のような拝殿や本殿などといった社屋を明確にもたないものも多く、鬱蒼《うっそう》とした森自体を祀る神聖な様相は、まさに始祖的な祭祀の場といえるのかもしれない。

一九七五〜一九八九年にかけて八重山の御嶽を悉皆《しっかい》的に調査した牧野清は、村社会の変貌や過疎化などにより、御嶽の存続に関わる致命的な諸問題に当面していると指摘した（牧野、一九九〇）。それから実に三十年以上が経過した現在においても、御嶽とそこで執り行われる祭祀が受け継がれていることは驚きである。わが国の中でも早くから人口が減少しはじめていた八重山において、御嶽の実態や継承の仕組みを解明することは、人口減少の危機に瀕するわが国の多くの地域における、隣の自然との付き合い方を模索するうえで有用な知見が得られるのではないか。——このことが、我々が御嶽研究を行う大きな動機となった。

本章では始祖的な祭祀の場といえる八重山の御嶽や祭祀の継承の実態を通して、「神宿る隣の自然」との付き合い方について考えてみたい。

八重山の御嶽とは

御嶽は、八重山では「オン」や「ウガン」とも称される。村の祈願や行事、伝統芸能の奉納を行う祭祀の場である。牧野によれば、自然物（自然石・樹木等）を神の依代とする基層信仰に、その後伝来した儒教、道教、神道《しんとう》、仏教をはじめとする民俗信仰の影響を受け、島独特の形に変化し今日に至っているものという（牧野、一九九〇）。かつて新しい村が三〇戸に達すると人々の心の拠り所として御嶽を勧請《かんじょう》し、共同社会における道徳の昂揚、社会秩序維持の役目も果たしたとされる、八重山の村社会において継承されてきた最も重要な空間である。

多くの御嶽には、石垣で仕切られ香炉が置かれる「イビ（またはウブ）」と呼ばれるサンゴ砂が敷き詰められた空間があり、ここに各御嶽の神が座すと考えられている。各御嶽には通常一名ずつ御嶽の祭祀（祈願）を担う女性神役「神司《カンツカサ》」が就いており、イビには神司しか入ることが許されていない。イビ周囲は深い森で覆われることが多く、これらの草木は無断で伐ってはならず、これを犯すと神罰が下ると恐れられている。イビの外には奉納芸能を行う「神庭《カンニワ》」や、祭具などを保管し年間儀礼のなかで女性神役たちの夜籠りの場となる拝殿を有する御嶽もあるが、村の住民であっても祭祀以外は基本的に御嶽の敷地に足を踏み入れることはない。このような厳格な空間の性格から、よそ者が御嶽や祭祀に関わる、あるいは語ることすらタブー視されることもしばしばある。

このように、住民が直接利用する場所でもない御嶽は、なぜ祀られ、今日まで大切に継承されてきているのであろうか。御嶽の成り立ちを考えてみたい。御嶽成立の縁起として牧野は、ア：神の託宣によるとされているもの。イ：渡来神を祀るとされているもの。ウ：開拓者や貢献者を神としてその墓を祀るもの。エ：霊石・霊火の吉兆によるもの。オ：火の神を祀るもの。カ：牛馬の繁昌《はんじょう》を祈願するもの。キ：水元の神を祀るもの。ク：豊漁の神を祀るもの。ケ：旅の航海安全を祈願するもの。以上があると指摘する（牧野、一九九〇）。

ア〜エのような、村の起源や来歴に関わる御嶽は、その場所自体を祀ることに意義があり、基本的には場所を移動させることができないため、今日まで継承されているものと考えられる。対してオの火の神（ピノカン）では近年、公民館の敷地に移設されるケースなども知られている。このように、多くの御嶽は村の起源や来歴と深く関わっており、古い村では、村を創設する際に、御嶽に適当な神の森を背後にし、それに基づいて家々の位置を定め、周囲の森々にも神を祀り、集落は神の森に取り巻かれた形となっているともいわれる。このことから、御嶽は村人の精神的な拠り所としてだけでなく、暴風やその他人災などから村を守る物理的な拠り所としても機能してきた森ではなかったか。すなわち、村での暮らしになくてはならない自然地を御嶽として祀り、それを後世にわたって侵すことのないよう、厳格なしきたりや祟りを伝承してきたのではないかと考えることができる。このような機能論から、御嶽の信仰は隣の自然を保護する、いわば村の合理的な社会システムであると捉えるのは、いささかナンセンスであろうか。

調査にあたり

我々が調査を開始したのは、二〇一二年。関西を拠点とする我々にとっては遠方調査となるため、高頻度に訪問することが叶わず、以降八年間にわたって少しずつ現地調査、住民や行政、有識者らへのヒアリングを進めることとなった。もともと筆者は、沖縄の自然や文化の魅力に取り憑《つ》かれ、シュノーケリング目的で毎年のように沖縄旅行に出かけているが、滞在中一度も海に入らない沖縄への訪問は、本調査が初めての経験となった。当時筆者はしがない大学院生であったため、上甫木昭春先生の企画する八重山調査へ自ら志願し、私費で同行したのも良い思い出である。

八重山の御嶽に関する先行研究に記載のあるいくつかの村を踏査するなかで、調査地としてまず選定したのは、八重山を構成する主要な島である石垣島において、最も古い村だと伝えられ（牧野、一九九〇）、八重山における御嶽や神司を中心とする古層の村落共同体の姿をいまだに保っているとされる（湧上、二〇〇〇）、石垣市の川平《かびら》（小字名《こあざな》）である。

川平は、石垣港から路線距離で約一八キロメートル北に位置し、上下二つの集落から成る。近世以降島の中心を担ってきた四箇《しか》（石垣島の南海岸沿いにある四つの集落を合わせた総称）から沖縄本島の首里へ向かう船の風待ちの湾として栄え、一六三七〜一九〇三年まで琉球王府が八重山に布《し》いていた人頭税制度において生産性の高い「上村《ういぬむら》」と記され、古くから比較的豊かな土地であったとされる（澤井、二〇一二）。入り江状の川平湾は島内屈指の観光地として知られ、主要産業は農業から観光業へ移行しつつあるが、観光客で賑わうすぐ隣には、鬱蒼とした御嶽の森が広がる。

我々の一連の祭祀空間の研究において、この川平での御嶽の調査が初調査であり、その第一印象は、「やばい世界に足を踏み入れてしまった……」というのが本音であった。当初から上甫木昭春先生より、「神の研究を行う研究者は、罰当たりやから早死するで」と脅かされていたが、調査を進めるうちに、真実味を帯びてきた。

二〇一三年、筆者が所属する博物館において川平につながりのあった研究員を頼って、地元の方と直接連絡を取る機会を得た。しかしその方は「直接御嶽について語ることは難しい」とのことで、この方なら語ってくださるだろうと、公民館役員を務めておられるT氏を紹介していただいた。その後、T氏の案内もあり、地域内の御嶽や祭祀に関わる空間をいくつか踏査することが叶った。問題はその翌日の晩である。川平で我々が常宿としていた民宿を経営する県外移住者のオーナーから、「御嶽を回られているみたいですね。我々でさえ、御嶽や神のことはタブーなので、地元で重鎮のあの方へ一度ご挨拶しておいたほうが良いと思います」と告げられた。なんでも、地元の方々はどこからか我々の行動を見張っておられたようで、すぐにその噂は広まり、「あそこの宿に泊まってる奴らは何をしに来てるのか」と警戒されておられるとのことであった。我々は、礼儀もなく地元の大事な祭祀の場へ土足で踏み込んでしまっていたのである。このままでは祟りに遭いかねないと、オーナーはご挨拶に伺う段取りまですでに済ませてくれていた。「あの方へのご挨拶」の内容とは、庭に自前で建てられたカラオケハウスで一晩呑み明かすというものであった。本来は我々調査者全員でご挨拶する段取りであったようだが、調査同行者からは「頑張って。行ってらっしゃい」とにこやかに送り出されてしまい、なぜか筆者とオーナーのみで伺う運びとなった。道中オーナーから、「ハキハキと元気よくしゃべって、何か聞かれたらYESだけ言うんよ。

NOは絶対ダメ」と繰り返し念押しされた。オーナーと筆者は、天童よしみの演歌が大音量で流れるなか、八重泉《やえせん》（泡盛）の水割りを何杯もよばれ、記憶が一部欠落している。途中、何度か演歌に合わせて踊ることを求められた。その場にあったお箸と傘を駆使した筆者の即興の舞を、あの方は甚《いた》く気に入ってくださったようで、朝方「次はいつ来るんや？　俺の娘をやる」と抱き付かれていたことを朧気《おぼろげ》に覚えている。このような強烈な洗礼を受け、晴れて我々の調査の継続が叶ったのである。

上記の出来事は、閉鎖的な田舎の調査ではしばしばあることかもしれない。しかしながら、やや脱線するが不可思議な体験談もある。思えば、その後の八重山以外の祭祀の場の調査中においても、小心者の筆者は、毎晩安眠できないことが多かった。地元のヒアリングで、神の森に手をつけようとした開発業者が、夜中道端で何者かに両目をつぶされたという生々しいエピソードや、綺麗にお祀りしていない石仏によって体調不良を患うというリアルなエピソードを聞いた夜は、なかなか寝付けず、寝付いても得体の知れない悪夢にうなされる状態であった。また、台湾の大樹公《ダーシュウゴン》と呼ばれる祭祀の場の調査（第10章、220ページ参照）においても、同行者の上田萠子氏は、ヒアリング調査の夜、夢の中に小さな老人（おそらく大樹公の化身）が現れて熟睡できなかったとのことであった。他にも、よく祟ると伝わる神の森の調査では、森を空撮しようとしたドローンが開始数分で墜落したり、調査中記録をつけていた野帳《やちょう》を紛失して神に許しを乞うケースなど、我々の調査自体が困難になることもあった。土着の信仰をもたない我々は、このような人知を超えた力の存在と常に隣り合わせの感覚がカルチャーショックでもあり、同時に、隣の自然を敬い畏れて生きる地域の姿に魅了されてやまないのであった。

川平のパカーラとは何か

川平では御嶽のことを「オン」と発音し、地域内に御嶽が六つ現存するとされている。そのうち、群星御嶽（ンニブシオン）、山川御嶽（ヤマオン）、赤イロ目宮鳥御嶽（アーラオン）、浜崎御嶽（キファオン）は「川平四嶽」と称され、村の祭祀の中心を担うことが知られている。御嶽の詳細については次節以降に述べるが、川平四嶽には「パカーラ」と呼ばれる、御嶽の属地があるとされている（湧上、二〇〇〇）。なんともファンキーなその名称に筆者の好奇心はくすぐられるのであるが、パカーラは各御嶽から離れた場所に点在する御嶽の神の管轄地で、「パカ」は「土地の区画」を意味することから「小さく区画された土地」という語感ではないかという説がある（牧野、一九九〇）。御嶽で祈願を行う際に神司が唱える神口（カンフツ）について研究した澤井真代によれば、年間の儀礼における祈願の最初に、ミョーチゥ（各御嶽の神の名前）とパカーラ名が唱えられるという。この時、「パカーラに降りなさる神さま」とパカーラ名を唱えることにより、パカーラの神をパカーラの土地から各御嶽へ呼び寄せるのだという（澤井、二〇一二）。御嶽にこのような属地がある例は他になく、川平独特の信仰であると考えられる。また、御嶽と同様に、パカーラの樹木を伐ることも祟りがあると恐れられている（牧野、一九九〇）。このことから、パカーラも村での暮らしに重要な意味を有する自然地なのではないかとの仮説のもと、我々はパカーラがどのような場所であるのか探るための調査を行うことにした。

各御嶽に属するパカーラ名と大まかな場所は、湧上元雄が明らかにしている。群星御嶽には三一筆《ひつ》、山川御嶽には一一筆、赤イロ目宮鳥御嶽には一六筆、浜崎御嶽には一三筆のパカーラがあるとされ、各御嶽の支配区域内に点在しているようである（湧上、二〇〇〇）。この基礎資料をもとに、先の公民館役員のT氏と群星御嶽の氏子役員の古老H氏に、パカーラの案内をいただく機会を得た。その結果、群星御嶽のパカーラ三一筆のうち、位置が特定できたものが一四筆、大まかな位置が特定できたものが八筆、消失したものが一筆の他、八筆は不明であった（表2－1）。土地の属性をみると、井戸や丘、海岸部の防波になり得る大きな石や崖など、村内の水源や地形的な特徴のある自然地が対象となっている傾向があるように思われる。

表2−1　群星御嶽のパカーラの現状

	群星御嶽のパカーラ名	確認	属性
1	フースク・クースク	○	井戸
2	ウルカ・ウルコーマ	○	丘
3	バカンサ・シタンザン	消失	井戸
4	アスト・ウロール・ミイムル	○	広場(移動)
5	アイミムル・フイミムル	不明	-
6	フヤンシキ	△	畑
7	ナカジニ・ヤーナシ	△	-
8	タバカウガン・タマジニ	△	石(浜)
9	ナカマーチ・フタウガン	○	丘
10	ナカマーチ・サカイナマ	不明	-
11	ハカヤムト・サカイナマ	△	-
12	ハカヤムト・ハカイシタン	○	窪地
13	フナダムル・ヤシカムル	不明	-
14	フシバカ・ビシンガニ・シイカインガニ	不明	-
15	ヌウダ・ヌダラシ	不明	-
16	フワンバナ・フウイシ	○	石
17	ピサバナリ・ファバナリ	△	-
18	タカバナリ	○	石
19	フゥムル・フタムル	○	丘
20	フゥカイメ・フタムル	○	丘
21	ホーラヤマ	○	崖
22	フキシャカ・キシムト	○	石・井戸
23	ニロート・シィモート	○	御嶽
24	スクジウガン・シュロパマ・オンザキ	△	道
25	キタバナザキ	○	石(浜)
26	アザナザキ・ヤドフチャン	△	岬
27	テッチャヤマ	不明	-
28	カビラムル・ヨーミムル	不明	-
29	マルダカ・フゥシイ	△	広場
30	ナコースク・ナコーダ	○	駐車場(改変)
31	カンフコーツ・メーフチ	不明	-

○: 位置が特定、△: 大まかな位置のみ

はてさて、パカーラは一体何のために祀られているのであろうか。牧野は、神の支配地であり、神が立ち寄り休憩された場所という。中でも「ナカマーチ・フタウガン（マーッオン）」は神が麦をつくり始めた場所、「タバカウガン・タマジニ（タバガオン）」は神が防風林を植えた場所であり、パカーラは神が村人のためにこの地に暮らす術を指導された由緒ある土地であると説いている（牧野、一九九〇）。我々の調査においても、T氏、H氏より、この二つのパカーラについて同様の伝承を確認することができた。また、タバガオンの海岸部には、確かにフクギの樹林を現在も見ることができる。フクギは本来この地に自生しない樹種であることから、防風林として村の先人が植栽し、それらの実生が残存していることが窺える。このように、パカーラも御嶽と同様に、村の起源や来歴、暮らしになくてはならない水源や防風林、地形的な高まりなどの土地の固有性が侵されないために、大昔の村の先人がなんらかの意味を与えた自然地であるように感じる。

こうしたパカーラは地元でどのように認識されているのであろうか。彼らへのヒアリングによれば、パカーラという用語は、若い住民で知っている者もいるが、場所は伝わっていない、あるいは伝えてはいけないため、その存在が薄れつつあるのだという。したがって、若い人が土地を得てその土地にあるパカーラを荒らすと、神司が頭痛や吐き気に見舞われることで、その存在が顕在化する出来事もあるようだ。

また、石垣市教育委員会文化財課、石垣市農林水産むらづくり課へのヒアリングによれば、十五年以上前に地域で土地改良事業があった折に、道路を通す予定の森の一部が、パカーラであるとのことで、計画変更がなされた事例、三十年ほど前の圃場整備の際にも、「ナカマーチ・フタウガン」が地域の要請で残され、現在も畑の真ん中にポツンと丘状にパカーラが残存している事例が記録にあるという。他にも、村の北の外れに位置する会員制リゾートホテルの敷地内に五つのパカーラが存在しており、T氏の案内でこれらが改変されることなく現存することを確認できた。リゾート敷地内にパカーラや井戸が含まれるため、村人は会員でなくても自由に敷地内を出入りすることができるのだという。地域の伝統文化や信仰に理解のある事業者による面的なリゾート地化が、無秩序な乱開発からその地を保護する好例であるといえる。

このように、パカーラの存在が種々の開発を抑制し、現在も村の水源や地形を構成する重要な自然地を維持することにつながっていると考えられる。パカーラ継承の仕組みは、自然と寄り添い持続可能に生きるための暮らしの術といえるのではないだろうか。

八重山の川平・竹富・干立を取り巻く状況

前述のとおり、極めて特殊な御嶽信仰が、地域社会に今もなお根付いているということがご理解いただけたであろう。しかし、このような状況は、古層の村落共同体の姿をいまだに保っているとされる川平に限った状況なのであろうか。我々は、この疑問を解決すべく、八重山の古い伝統を残しつつも、地域を取り巻く状況が異なると想定された他地域と比較することにした。具体的には以降、竹富《たけとみ》島の竹富町「竹富」、西表《いりおもて》島の竹富町西表「干立《ほしだて》」を対象地に加え、川平・竹富・干立の三地域の御嶽と祭祀の実態について、拙稿（大平他、二〇二〇）をもとに言及したい。

竹富は、石垣島から西へ約六・五キロメートルに位置する竹富島内の三つの集落で構成される。島嶼《とうしょ》性ゆえに中央文化圏との交流が緩慢であり、強力な支配者の出現もなく、急速な文化的変遷を辿ることもなかったが（狩俣、一九九二）、琉球石灰岩よりなる耕土の浅い悪条件のなかで農業を中心に、「うつぐみの心」と呼ばれる相互協力・助け合いの精神で共同体を維持してきた（梶、二〇一五）。八重山で大きな被害を残した明和の大津波（一七七一年）の際に一人の死亡もなく無事であったことから古い伝統を残し、多くの島々村々では御嶽は危機的状況にあるが、竹富島は十分安心してよいと評価されている（牧野、一九九〇）。また、島内の居住区が重要伝統的建造物群保存地区に選定された（一九八七年）ため、赤瓦家の町並みは多くの観光客を魅了し、現在は観光業が主要産業となっている。伝統文化と観光の共存が図られているといえよう。

干立は、石垣島から約三〇キロメートル西の西表島西部にあり、上原港から路線距離で約八キロメートルに位置する単一の集落である。明和の大津波の際に西部集落の西表の被害が微弱であったこと、マラリアによる死亡者が西部に少なかったこと（星、一九八一）から、隣接する祖納《そない》とともに古い集落として知られる。昭和の初め頃までは港から整備された道もなく、原生林に覆われた山岳はそのまま集落を孤立させる要害となっていた。一九九一年時点ですでに島外の郷友会の参加がなければ祭祀が開催できない状態との報告もある（比嘉、一九九九）。一九九八年度竹富町地域活性化推進事業以降、公民館が指定管理を担う宿泊・長期滞在型施設一〇棟を地域内に分散して新設するなど、滞在型・参加型観光の振興が主流化し、近年は県外移住者が増加している。

人口統計の資料、「統計いしがき」（川平各年十二月末データ）および「竹富町地区別人口動態票」（竹富・干立各年一月末データ）を確認すると、二〇一七年時点での人口（世帯数）は、川平は六八八名（四一三世帯）、竹富は三六四名（一九五世帯）、干立は一一七名（六二世帯）となっている。いずれの地域も一九九〇年代後半を境に人口・世帯数ともに増加に転じており、ここ二十年ほどで川平・竹富は約一・五倍、干立では約二倍の人口増となっている。一九九九年以降の干立および二〇一三年以降の川平において、世帯数の増加が顕著であることから、移住者の流入が多いことが示唆される。とくに干立は、一九九三年から二〇一七年の人口増加率が、隣接する祖納でマイナス二六・九パーセントであるのに対し、干立ではプラス八〇パーセントとなっており、移住者の受け入れに積極的な地域であることが窺える。御嶽と観光業との共存や、御嶽と移住者の関係がいかなる状況であるのか。これがこの三地域に着目した理由である。

御嶽の多様性

そもそも御嶽とはどのような空間であるのか。八重山三地域の御嶽の現状を捉えるため、各地域を代表する御嶽の形態や敷地内に存在するもの（構成要素）の特徴を調べてみることにした。対象とした川平の御嶽は、前述した「川平四嶽」と称される、①群星御嶽、②山川御嶽、③赤イロ目宮鳥御嶽、④浜崎御嶽である。竹富の御嶽は、二八カ所存在する御嶽のうち、祭祀の中心を担う六つの重要な御嶽「六山（ムーヤマ）」において立入調査が叶った⑤

図2−1　御嶽の空間構成タイプ

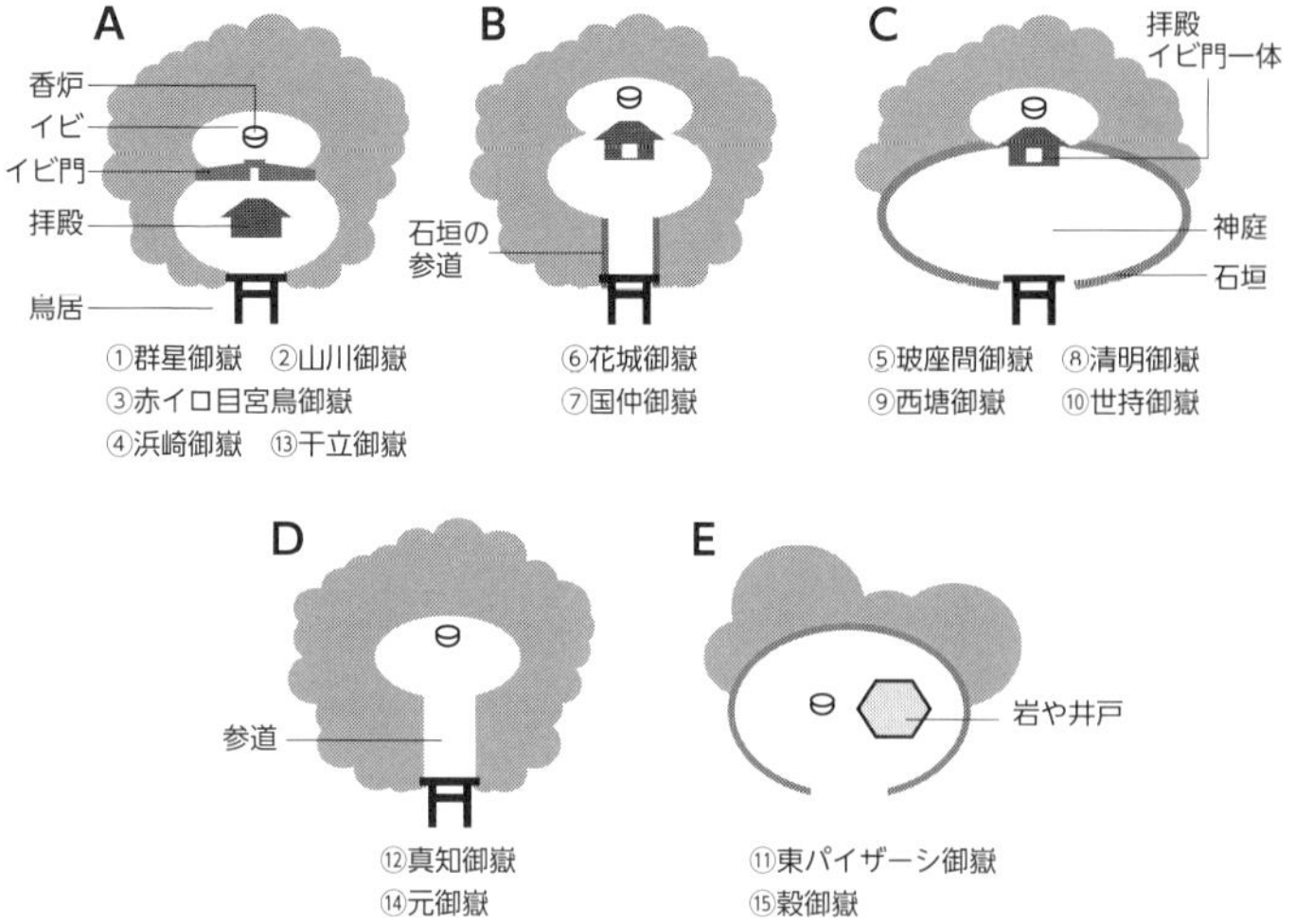

玻座間御嶽（ウーリャオン）と⑥花城御嶽（ハナックオン）、村の四つの御嶽「村御嶽（ムラオン）」である⑦国仲御嶽（フィナーオン）、⑧清明御嶽（マイヌオン）、⑨西塘御嶽（ニシトウオン）、⑩世持御嶽（ユムチオン）、これらに加えて現地ヒアリングにより村御嶽のような性格を有するとされた⑪東パイザーシ御嶽（アガリパイザーシオン）、⑫真知御嶽（マーッオン）の計八カ所を対象とした。また、干立では御嶽のことを「ウガン」と呼び、現存する四つの御嶽のうち祭祀の中心を担い立入が叶った、⑬干立御嶽（フタデウガン）、⑭元御嶽（ウィヌウガン）、⑮穀御嶽（ユーヌウガン）の三カ所を対象とした。

現地調査により構成要素を確認した結

果、多くの御嶽において「鳥居」「イビ」「香炉」を配することが共通しており、これらは御嶽の重要な構成要素と考えられる。また、地域別に着目すると、川平四嶽が「拝殿」「イビ門」「イビ内広場」と「樹林」を有する似通った要素で構成されるのに対して、竹富の六山・村御嶽は明瞭な「イビ門」が見当たらず、「樹林」が少なく「賽銭箱《さいせん》」を配するような、本土の神社に近い御嶽や、「ポールアンカー」「鉄枠」など祭祀の舞台設備を有する御嶽も存在するなどの大きな違いがみられた。さらに、竹富のその他御嶽（⑪、⑫）と干立の⑭、⑮のように構成要素の少ない簡素なつくりの御嶽も存在した。

これらの構成要素とその配置を概観すると、各御嶽はA～Eの五つの空間構成タイプに分けることができる（57ページ、図2－1）。具体的には、川平四嶽と干立御嶽は、「拝殿」と「イビ門」を分けてイビの結界性を重視したAタイプとなった。また、竹富の六山と村御嶽は本土の神社形態に近いB・Cタイプ、竹富の⑪、⑫と、干立の⑭、⑮は、森そのものや島の元となった岩や五穀豊穣に関する井戸を祀るD・Eタイプのような、原始的な御嶽の形態であった。このように、御嶽と一言にいっても、結界性を重視したものから内地の神社に近いもの、原始的なものまで多様な形態であることが確認された。これらの形態は、後述する御嶽と住民の関わり方にも大きく影響しているものと考えられる。

御嶽と住民との関わり

住民であっても御嶽にむやみに立ち入ることが禁じられていることはすでに述べたが、御嶽の香炉や樹林の管理、祭祀の際に住民はどのように関わっているのであろうか。御嶽や祭祀の実態をよく知る公民館組織役員や御嶽の管理者へのヒアリングを行うこととした。

まず、御嶽は誰のものなのか。土地所有については、竹富の⑪、⑫の御嶽が私有地であった他は、全て市あるいは町有地である。そして、御嶽は誰が維持管理しているのか。川平では、香炉は神司が世話をしており、掃除・草刈については豊年祭や結願祭などの行事前に各御嶽に所属する氏子が担い、倒木や拝殿修理などはムラブサ（神司を手伝う男性）やカンマンガー（御嶽の管理者）と呼ばれる氏子組織の神役で行っているとのことである。一方、竹富では御嶽の位置づけによって管理者が明確に異なり、六山は各御嶽に所属する氏子、村御嶽は公民館、その他の御嶽は個人や一門（氏子とは別体系の血族集団）により行事前や日常の清掃などの管理が担われている。香炉の世話は各御嶽の神司が行い、神司を置かない世持御嶽では、公民館が香炉の取り替えを行う場合もあるという。また干立では、日常の清掃や香炉の管理は、神司が途絶えていない⑬⑭では神司が行い、それ以外の御嶽の清掃や邪魔な樹木の伐採は公民館が担っている。

このように、日常的には神司が、祭祀前の清掃や大がかりな整備には氏子や公民館が関わるようである。ここでいう公民館とは、八重山の場合、本土の一般的な市町村で設立された社会教育文化施設とは異なる自治組織のことを指し、住民が共同体として村単位で設置した地域の生産・文化・行事の拠点といわれる。近年では神司や氏子の減少に伴い、この公民館が担う役割が大きくなっているものと考えられる。

次に、具体的な御嶽を事例に、祭祀など非日常時も含めた住民との関わりを紹介したい。まず、川平の赤イロ目宮鳥御嶽（図2－2）は、二集落の狭間の十字路（ロータリー）に位置する御嶽で、周囲を樹木により完全に覆われ、入口の鳥居からイビ空間まで直線的かつ段階的な結界性を設けた閉鎖性の強い空間となっている。イビ門前の神庭では、年一回の豊年祭において氏子が「ビッチュル石」と呼ばれる重石を担ぎ上げる奉納儀式が行われる。

竹富の清明御嶽（62ページ、図2－3）は、島の中心部の小中学校に隣接する御嶽で、入口に灯籠を配し、前面に樹木のない広場を設け、拝殿とイビ空間が一体化する本土の神社に近い開けた空間となっている。結願祭《けちがんさい》では神庭に仮設舞台が設置され、舞台の狂言や踊りが奉納される。そしてこの芸能を住民らが観覧しやすいように、敷地右側に段差をつけた桟敷《さじき》が設けられている。

図2−2　赤イロ目宮鳥御嶽の平面見取図(川平)

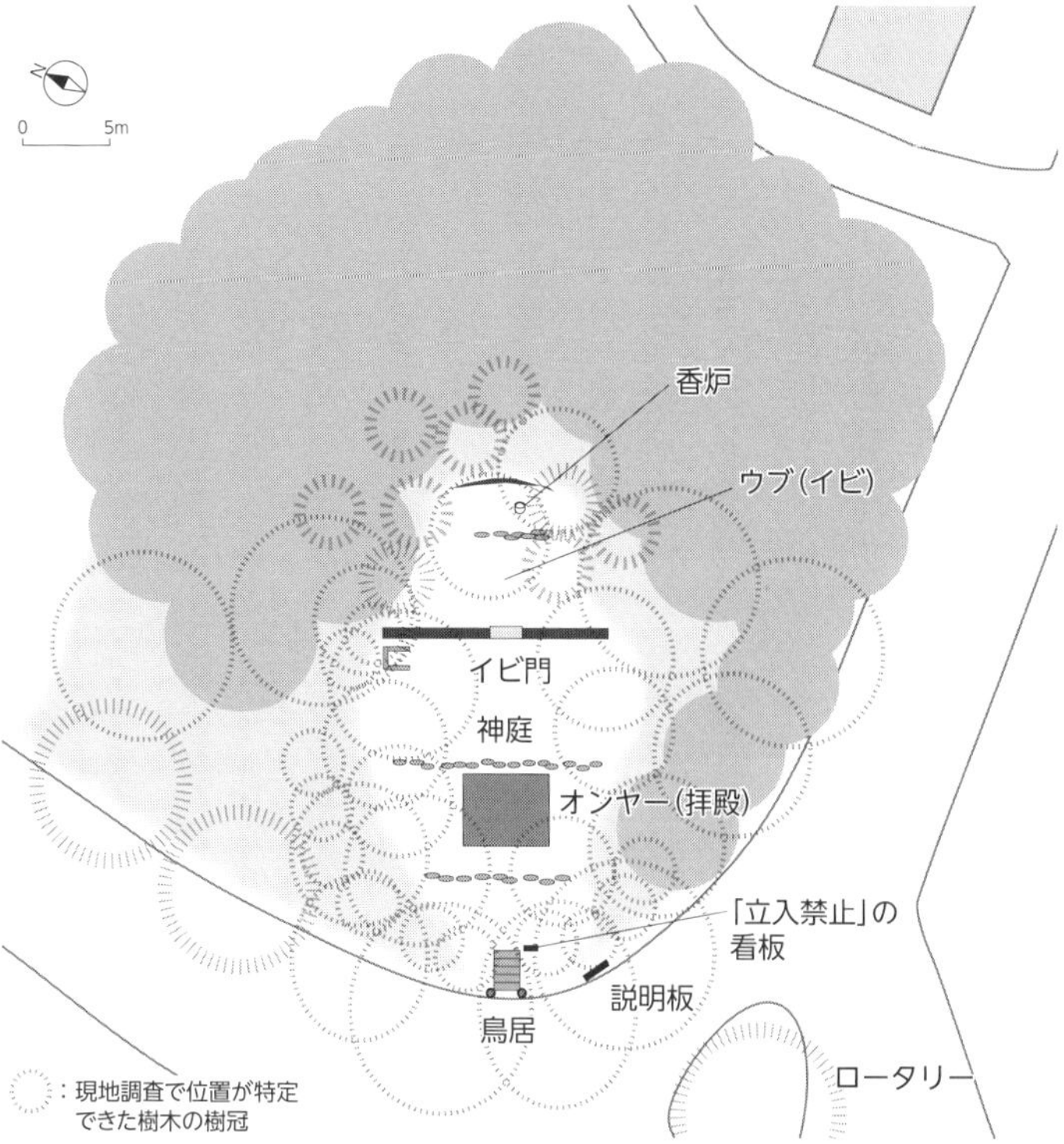

イビ門

御嶽全景

図2−3　清明御嶽の平面見取図（竹富）

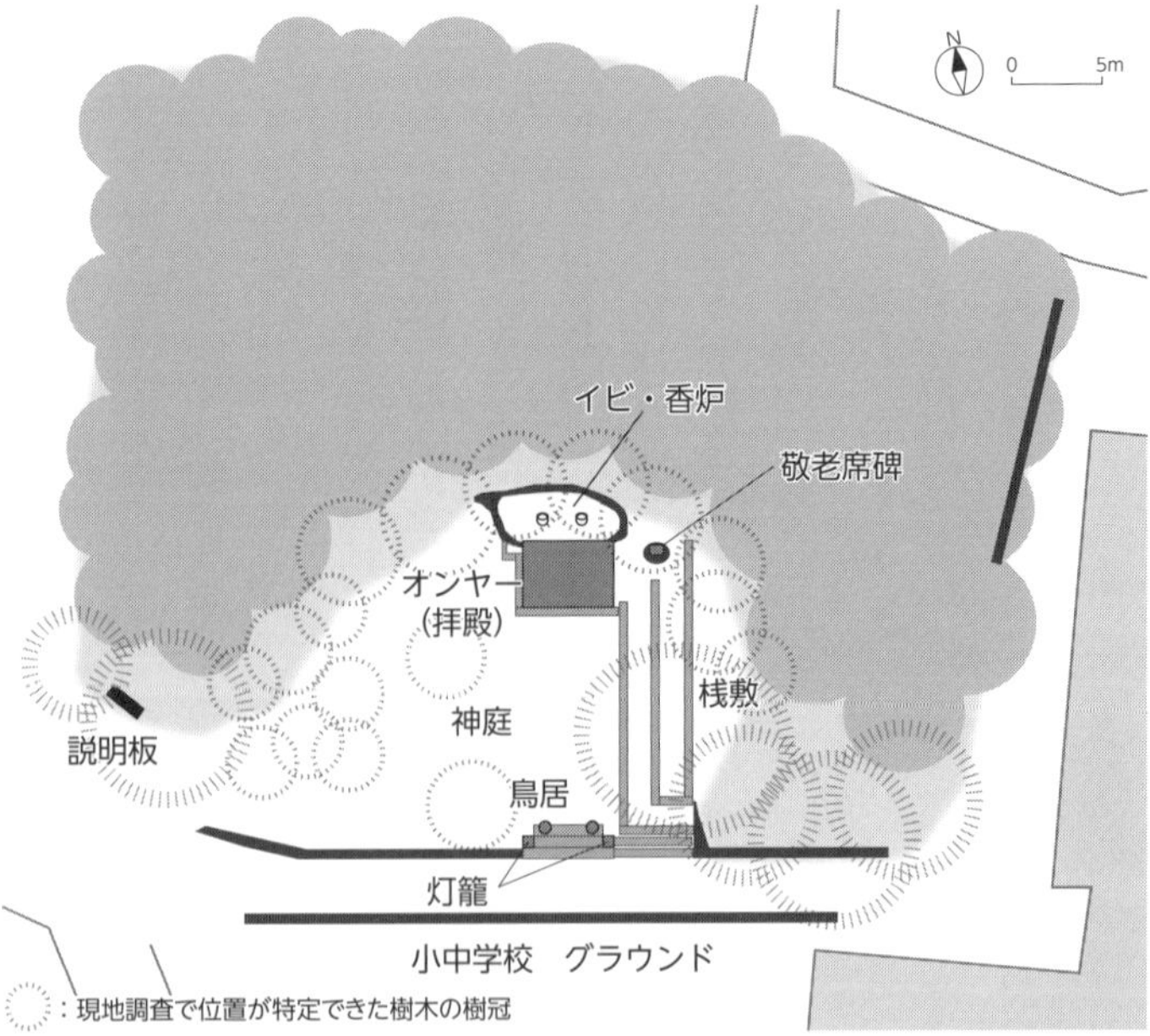

桟敷席

鳥居と拝殿

図2−4　干立御嶽の平面見取図（干立）

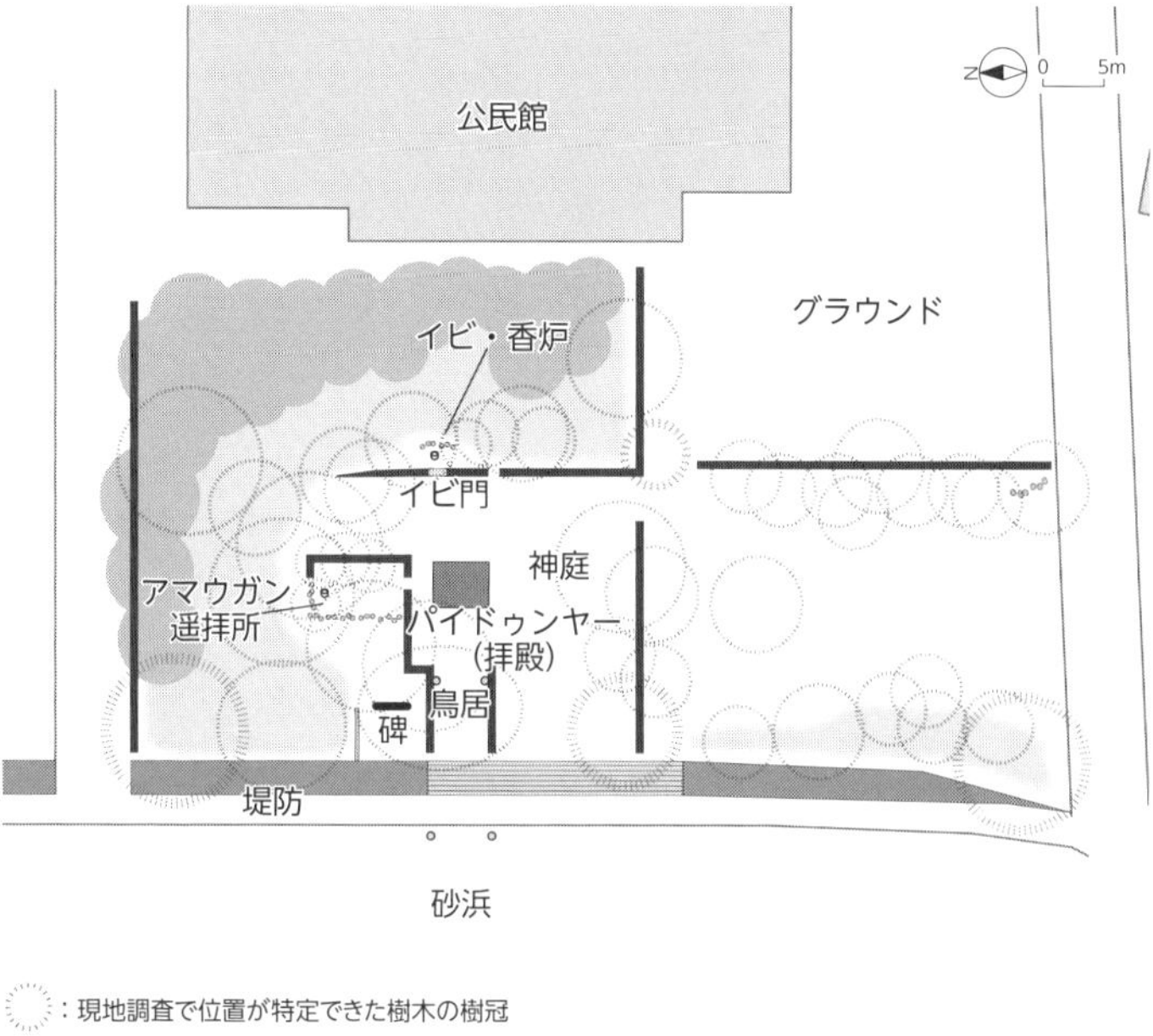

堤防上から見た拝殿

イビ門

干立の干立御嶽（63ページ、図2－4）は、前面が砂浜、後背地に公民館とそのグラウンドが隣接する。昭和の終わり頃までは鬱蒼とした藪であったが、利用性を重視し樹木を比較的疎《まばら》に維持しつつ、台風の際の防風林も兼ねて管理しているという。村の最も大きな祭祀である節祭《しち》では、演舞や船漕ぎ競漕《きょうそう》が前面の砂浜や海で行われ、後半は神庭で奉納芸能が行われるが、明確な桟敷などは設けられていない。このように、日常において御嶽の敷地内に立ち入ることはないが、大祭時に限っては芸能の奉納と観覧のため、御嶽の敷地に入ることが許される御嶽も存在する。

また、御嶽入口の看板や設《しつら》えにそれぞれの地域の特徴を見ることができる。川平では観光客が無断で立ち入ることを防ぐため、全ての御嶽の入口に「立入禁止」の看板を設置している。数年前にスマートフォン向け位置情報ゲームアプリが流行した際には、立ち入りが増えたために、鳥居にロープを何重にも張る事態となった。この点は、竹富においても観光客の無断侵入が問題視されているが、本来そこにあるべきでない禁止看板は立てるべきでないとして、環境省による御嶽の説明板の設置にとどめているとのことであった。干立においても同様に、神聖な場であるため禁止看板などは設置すべきでないとしている。しかし、近年元御嶽の参道上に津波避難所が設けられ、鳥居前には避難所入口の看板や防災倉庫などが設置されている。

このように、川平の御嶽では森に覆われた結界性を重んじた空間に禁止看板が設置されるなど、閉鎖的な側面が強調されているのに対して、竹富では桟敷をもつ御嶽の存在や説明板の設置など、住民や観光客に対して比較的開放的な印象をもたらしている空間と評価できる。また、干立では両地域とは全く異なり、防風林としての樹林管理や避難所整備など、御嶽を積極的に利用する姿勢が示されており、神宿る隣の自然との新たな付き合い方として示唆に富んでいる。

村の行事・祭祀の実態

御嶽は、神への祈願の場としてだけでなく、伝統芸能の奉納の場や共同社会における秩序維持の場としてなくてはならない存在である。村の古式行事や伝統芸能が続いているからこそ、御嶽の神への信仰心や、御嶽の空間が継承されているともいえるのではないか。本節では、公民館組織役員へのヒアリングにより、村の行事における御嶽との関わりや運営の実態について言及したい。

ここでいう「行事」とは、公民館組織が、住民に対して告知する「年中行事」である。この中で、豊作祈願や祖先崇拝といった信仰上の意味をもつ行事を、「祭祀」と捉えることができる。各地域の公民館が告知する年中行事は、川平が二六件、竹富が二四件（種子取祭をまとめると一九件）、干立が最も多く二九件（節祭をまとめると二七件）となっている。いずれの地域においても、「豊年祭」「結願祭」「世願い《ユーニンガイ》」「節祭」「種子取祭《タナドゥンサイ》」など豊作や五穀豊穣を願う農耕儀礼が共通してみられる。このような信仰を伴う祭祀の割合は、川平が二六件の行事中二六件（一〇〇パーセント）、竹富が一九件の行事中一七件（八九・五パーセント）と行事の多くが祭祀であるのに対し、干立は二七件の行事中一一件（四〇・七パーセント）と、祭祀は半数以下の割合となっている。具体的には、川平の行事は、全て旧暦と干支《えと》で日取りが決定される「願い（ニンガイ）」を主とする行事名が並ぶ。竹富の行事は、これらの願いに加え、祖先崇拝

図2–5　行事・祭祀を行う場所

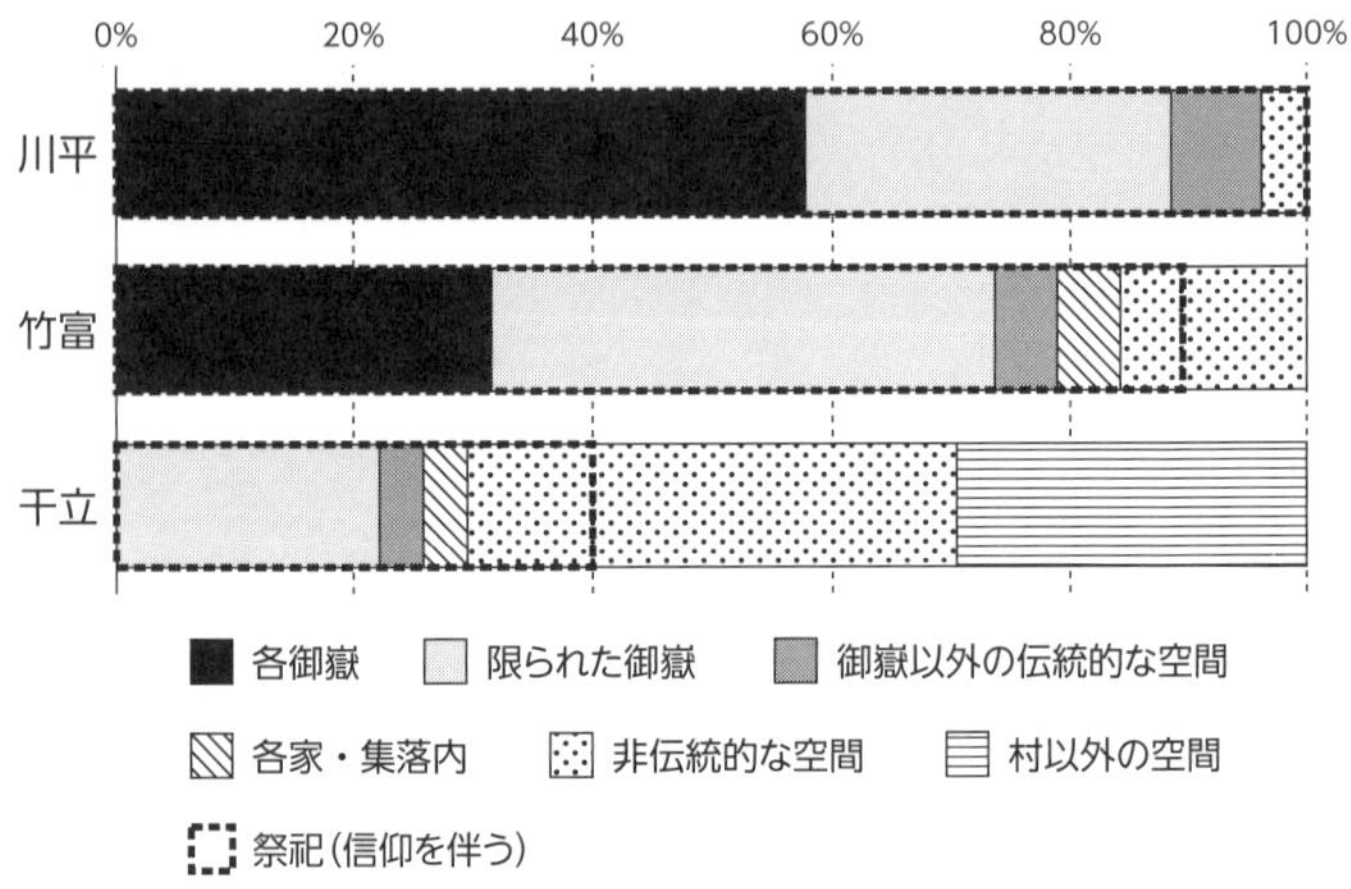

の「ショーロ（お盆）」の他、信仰を伴わない「敬老会」「米寿・生年合同祝賀会」の公民館行事が追加される。対して、干立の行事は、干支の日取りが関係する行事はわずかであり、「島興しライブ」や「町民運動会」「マラソン」など信仰を伴わない現代的な行事が半数以上扱われている点が興味深い。

　これらの行事・祭祀が行われる場所と御嶽との関係をみると（図2－5）、川平では各御嶽で行う祭祀が六割程度を占め、群星御嶽など限られた御嶽で行う祭祀を含めると、九割近くが御嶽に関わる祭祀であることがわかる。これに対し、竹富では八割程度、干立では信仰を伴う祭祀の半数程度が御嶽に関わる祭祀であった。

　また、これらの行事を主に誰が執り行っているのか、その実施主体を調べた（図2－6）。

図2−6　行事・祭祀に関わる主体

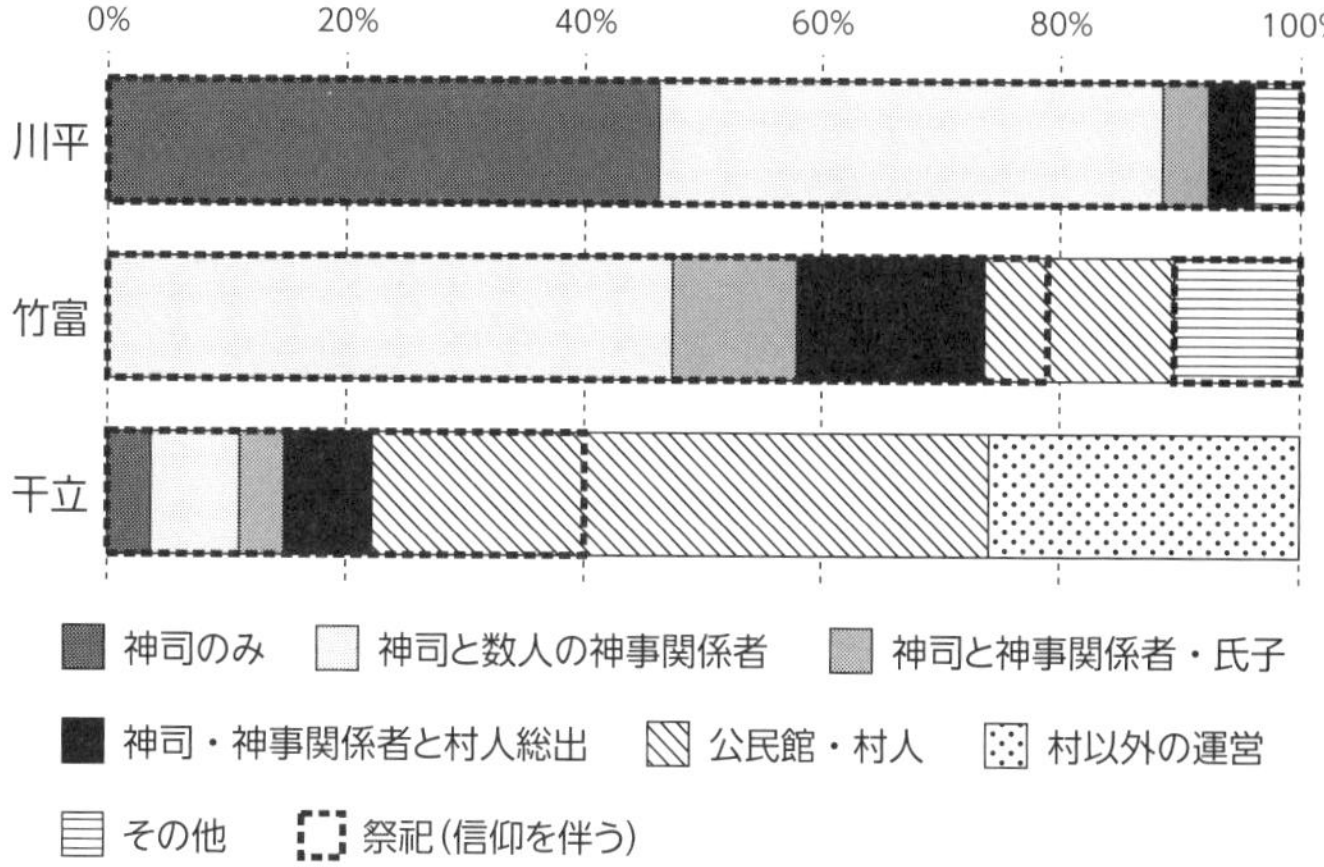

すると、川平では、マユンガナシの祭祀一件を除く全ての祭祀に神司が関与し、約半数近くの一二件が神司のみで実施されていた。近年の移住者を含む村人総出で参画する祭祀は、結願祭一件のみであった。竹富では、神司のみで実施する祭祀はなく、神司と執行部などの数人で行われる祭祀が半数程度となり、これに村人総出で行われる祭祀と公民館行事が加わる。干立の行事は、公民館が主体となる行事が全体の半数程度を占め、祭祀運営において公民館の重要性が際立っている。

川平の多くの祭祀が神司により御嶽で行う形式をとる理由として、澤井の次の指摘が参考となる。川平では一九五〇年前後に相次いだ祭祀の縮小や廃止の際に、多様な内容を含む祭祀過程において、御嶽の神に関わりが深い部分のみが選択的に残されたという（澤井、二〇一二）。すなわち、御嶽と神司による祈願こそが守るべき祭祀の継承のあり方であると捉えられているのではないかと考えられる。

対して、竹富の祭祀は御嶽において神司と執行部による祭祀を中心に、氏子や村人総出の祭祀などいくつかの段階性があることが特徴となっている。竹富では「種子取祭」など神司から村人まで総出で参画する大祭が共同体としてのアイデンティティを育み、伝統の継承に不可欠な行事として重視されているという。

一方、干立は神司や御嶽に依拠しない祭祀も半数程度みられ、公民館により現代的なイベントも積極的に開催されている。しかしながら、干立では川平において一九〇〇（明治三十三）年に廃止された「サニズ（浜下り）」や、八重山の多くの集落で消失した、集落の出入口にイノシシなどの動物の生血で染めた注連縄《しめなわ》を張る「シマフサラー」などの古式行事を、村の古老にやり方を聞きながら若い公民館役員が中心となって執り行っているとのことである。つまり、公民館が伝統的な行事の継承に大きな役割を果たしているといえる。

以上のように、三地域の行事・祭祀において、誰が中心的に関わっているかが異なることが明らかとなった。これは、三地域で御嶽や祭祀に求めるもの、伝統の継承に対する考え方が異なることを意味している。

祭祀組織と移住者との関わり

今後一層人口減少が加速するなかで、地域に先住の地縁者や血縁者だけでは祭祀が続けられないことは、わが国共通の課題となっている。こうした状況において、地域外から転入してきた移住者が、地縁・血縁で成り立ってきた祭祀組織へどのように関わっていけるのかが、祭祀の継承において非常に重要な視点であると考えられる。本節では、対象とした三地域の祭祀組織へ、移住者がどのように関わっているのかについて言及したい。

一般に八重山の公民館組織は、かつての村落社会の政治的中心であった部落会を前身とする村の組織で、氏子組織は各御嶽の神司や神事関係者を核とした公民館組織とは別体系の血族集団である。御嶽に関わる祭祀は、この村単位の公民館組織と各御嶽単位の氏子組織が密接に連関しながら運営が行われる（狩俣、一九九二）。これらの公民館組織と氏子組織へ、県外から転入してきた移住者が、どのように参画しているかについてヒアリングを行った（図2－7）。

その結果、まず川平では、もともと先住の地縁・血縁者は公民館組織に所属し、かつ川平四嶽のいずれかの氏子組織に属している。そして、各御嶽の氏子の中から、神司・スーダイ・ムラブサが公民館組織の神事部を構成し、祭祀運営の中心を担っている。しかしながら、川平人口の半数以上を占める県外移住者は、地縁者とは明確に区別され、公民館組織に加入することができないという（ただし下部組織である青年会などには門戸が開かれている）。また、氏子家系への嫁入り（内地嫁）を除いて

図2–7　御嶽の祭祀に関わる組織

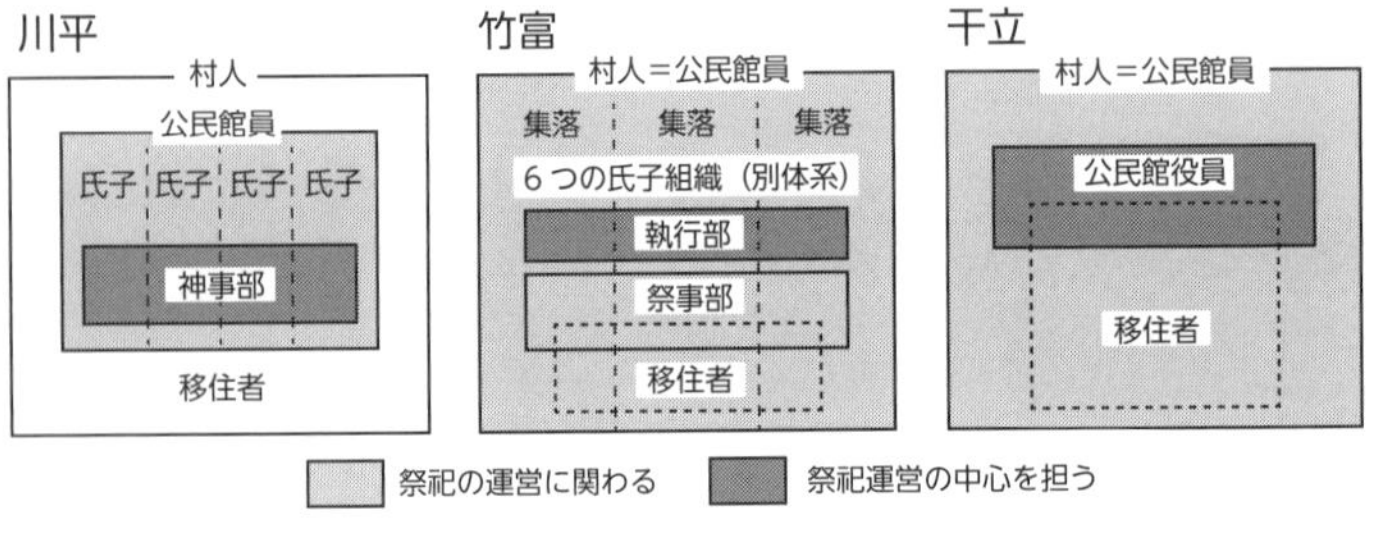

氏子への所属も叶わないため、県外移住者は祭祀の運営に関わることがない。唯一例外として、川平最大の祭祀である「結願祭」においては、群星御嶽と集落間の送迎など運営の一端を担うことが許されるという。関連して、年に一度最も願いが深いとされる「ヤーラ願い」の日には、祈願のために御嶽へ向かう神司に出会うことも許されないことが川平小中学校を含めて集落全体に告知される。したがって、移住者にとって御嶽や祭祀に関わること自体がタブー視されている風潮もある。このような厳格なしきたりを守ることにより、反対に祭祀組織の後継者不足が進行し、しきたりに馴染《なじ》めずすぐに転出してしまう移住者が多いことなどが課題であるとのことであった。川平の祭祀組織が保守的であるのは、比較的豊かな暮らしを基盤とし、古くから他島からの移民村が散在したため、外的干渉が多かった石垣島内において、外部への秘密流出を防ぐことで村落の社会的統制を図ってきた結果ではないかと推察される。

次に竹富では、三つの集落を統括する公民館組織と、公民館組織とは別体系の六山の御嶽に属する氏子組織が祭祀に関わり、公民館執行部と各氏子の神司が祭祀の中心を担う。また、竹富人口の半数程度を占める移住者は、移住後一年未満は公民館員から免除されるが、原則公民館組織へ加入し、島で認められることが永住条件となるため、村人は全員公民館員である。加入後は、島の伝統やしきたりの勉強機会として、公民館組織内の竹富島集落景観保存調整委員会（景観の現状変更案件などを審議し事業者と調整を行う住民組織）や祭事部へ配属され、大祭時のみ運営を担う。また、島内住民は六山の御嶽いずれかの氏子であり、移住者は職種などで氏子の所属が決まり、氏子行事も手伝うこととなる。毎月十五日の村の月例会や掃除後にはお疲れ様会があり、そこで先輩や古老から歴史や文化に触れる。このように、竹富では移住者を合理的に祭祀組織へ組み入れることで伝統を継承しており、移住者は御嶽の信仰を共にする担い手と位置づけられているといえる。これは、狭い島の厳しい暮らし柄、共同作業を基本精神とする島民性が影響している可能性が考えられる。

一方、干立は、単一の一族により開拓された集落であるため氏子組織が不明瞭で、祭祀の運営上公民館組織と同義となっており、御嶽での伝統的祭祀は公民館役員がその中心を担い、祈願の部分のみ神司が主導権を有するという。また、地域内の住民の七割以上が県外移住者であり、公民館中枢役員も県外移住者が担っている。新規移住者は原則三カ月以内に公民館組織へ加入し、村人は全員公民館員として行事・祭祀へも下働きから積極的に関わることとなる。各行事後にはお疲れ様会を催し、個人の卒業・入学・出産なども村を挙げてお祝いするなど、子どもや若い世代も含めて共同体としての親交を深めている。また、祭祀は人が集まり帰ってくる機会、観光などの来訪者にも伝統を知ってもらう機会と捉えており、来訪者との交流が、その後の移住・定住につながることを期待しているとのことで、他の二地域とは大きく異なる認識である。このような組織の開放性は、元来単一の集落として血縁によらない公民館が村の祭祀を取り仕切る素地があったことや、早い時期から限界集落化を迎え、外部支援者の関与や移住者誘致に積極的であったことなどが影響していると考えられる。

このように、移住者を祭祀組織に組み入れない閉鎖的な地域もあれば、移住者を祭祀組織に積極的に取り込む仕組みをもつ地域も存在する。祭祀の継承のために、どのような戦略を選択すべきであるのか、地域の実情に応じて地域ごとに判断していく必要があるといえるだろう。

御嶽と祭祀を支える諸制度

前節では、御嶽と祭祀に住民がどのように関わっているのかについて述べてきた。特に、八重山では伝統的な村落社会を基盤に、戦時中の国策に対応する形での「部落会」の発足(一九四〇年前後)の後、一九六〇年代の社会教育制度としての公民館制度が導入され、公民館組織が地域の生産・文化・行事の拠点として機能し、古い村落社会の構造をうまく維持してきている。この点が、御嶽や祭祀の継承に大きく寄与しているものと考えられる。一方で、祭祀の場において、一定の開発や改変を抑制する法制度であると考えられる、文化財保護法や景観法に基づく保護施策は、御嶽や祭祀の継承にどのように寄与しているのであろうか。本節ではそれらの実態について補足しておきたい。

まず、御嶽と保護制度との関係についてみると、御嶽自体が文化財保護法に基づく保護指定がなされている御嶽は、川平では赤イロ目宮鳥御嶽の木造拝殿のみが市指定民俗文化財・建造物の二重指定となっている。また、竹富では西塘《にしとう》御嶽（西塘の墓）が県指定史跡となっている。さらに、竹富の御嶽の多くは景観法に基づく歴史的景観保全地区の環境物件（本研究で対象とした全ての御嶽が含まれる）、一部は国選定重要伝統的建造物群保存地区の環境物件（本研究で対象とした御嶽では、玻座間御嶽、清明御嶽、世持御嶽、東パイザーシ御嶽が該当）として位置づけられている。川平の公民館組織役員へのヒアリングによると、御嶽は氏子のものであり、保護を目的にした指定を求めていないが、拝殿が木造のためシロアリ被害により棄損していることに対し、その修繕費用の資金的補助を受けているとのことである。また、竹富町教育委員会へのヒアリングによれば、竹富の御嶽の保存修理等に町が関与した唯一の事例として、西塘御嶽の拝殿の整備が挙げられた。その他の御嶽の保存修理に町が関与する案件や現状変更の届出はなく、清明御嶽において大木が倒れた際などは公民館で独自に対応されたとのことであった。また、干立を含む西表島では御嶽の調査自体未調査である。

一方、祭祀と保護制度との関係については、川平では節祭初日に行われるマユンガナシのお面のみが市指定有形民俗文化財、竹富では種子取祭が、干立では節祭がそれぞれ国指定重要無形民俗文化財に指定されているのみである。これらの支援内容は伝統芸能の記録や用具の補修等に関わる資金的支援などわずかであり、御嶽の空間の維持や祭祀を支える組織づくり等を直接的に支援している訳ではない。このように、御嶽や祭祀の継承を公的に支援する保護施策としては、ほとんど機能していないことが窺える。近年多くの御嶽において、御嶽内の巨樹・巨木や樹林の保護が課題となっていることが指摘されている（李、二〇一九）。今後、御嶽の空間自体を文化財に指定することや、保存樹・保存樹林指定などの保護施策を講じることも検討する余地があるように思う。

御嶽と祭祀の継承のあり方

以上のように、八重山において古い伝統を残す川平・竹富・干立の三地域間で、御嶽の空間と祭祀の継承方法に大きな違いがみられた。以下三地域における御嶽と祭祀の継承に対する思想を比較しながら、御嶽と祭祀の継承のあり方について考えてみたい。

まず川平では、神司をはじめとした限定的な氏子組織の神役により、必要最小限に管理された結界性の強い御嶽が維持され、先住の地縁・血縁者のみによる組織を維持し、同族の信仰の秘密を守る厳格な祭祀が現在も執り行われている。祭祀は神への祈願であり、御嶽は神のための祈願の場として畏れ敬う思想が今も息づいていると考えられる。

対して竹富では、神司を核とした御嶽での古式神事の厳格さを維持しつつも、御嶽内の芸能を観覧する島民のための施設整備や、移住者へ祭祀やしきたりを教育する仕組みが構築されており、狭い島内で未来永劫神に寄り添って生きるという思想が重視された空間や組織が形成されていると考えられる。

一方、干立では、祭祀において御嶽や神司が関わる割合は半数程度となっており、先の二地域と比較すると御嶽の信仰がもたらす影響力は小さく、祭祀が来訪者との交流促進機会となるとの認識もみられた。また、公民館組織による防災や防風機能を兼ねた御嶽の敷地や樹林の管理などがなされ、御嶽に新たな価値を付加して共存する姿勢がみられた。御嶽の信仰的側面に限らず、島の伝統文化とともに暮らすことを地域内外へ伝えていくことを重視した継承がなされていると考えられる。

では、今後一層の人口減少が進行するなかで、御嶽や祭祀をどのように継承していけばよいのであろうか。三地域の事例から考えてみたい。まず川平のように、現在も古い地縁・血縁組織や御嶽の神への信仰心が根強く残っている地域においては、竹富の事例のように、住民や来訪者に理解を促す説明板の設置や、移住者も信仰を共にする担い手と捉えた教育機会や組織的な仕組みづくりが必要となる可能性が考えられる。一方で、八重山の多くの地域では地縁・血縁組織が衰退し、神司の不在など御嶽への信仰が形骸化しつつあることが知られている。このような地域の場合は、干立の事例のように、若い世代や移住者が参画しやすい公民館組織（本土の場合は自治協議会などと称される）が、空間の維持管理や伝統的祭祀の運営・継承を担うことが必要だろう。また、御嶽の空間の維持自体が課題となっているような深刻化した地域においては、干立の事例のように御嶽の森に防災や防風機能を見出す、あるいは第10章で取り上げる公園的なオープンスペース機能を見出すなど、新たな多面的機能を付加させることで、樹林の適正管理や敷地の再整備を検討することも有用であると考えられる。このとき、御嶽の本来あるべき祭祀の場としての価値（本質的価値）と、付加すべき機能による価値をどのように共存させていくのか。その塩梅《あんばい》は極めて難しく、今後の研究事例と議論の蓄積が待たれる。

八重山の御嶽は隣の自然になり得るか

スタジオジブリ制作の国民的アニメーション映画『となりのトトロ』（一九八八年公開）

は、引っ越し先の田舎の家の隣に、神宿る大きなクスノキがあり、そこで不思議な生き物トトロと出会うお話である。同スタジオ制作の二〇〇一年公開作品で、当時歴代興行収入一位を達成した映画『千と千尋の神隠し』は、引っ越し先のニュータウンと森の狭間で、神々の住む街へ迷い込むお話である。また、当時邦画として世界歴代興行収入二位の大ヒットを記録した、二〇一六年公開の新海誠監督によるアニメーション映画『君の名は。』は、都会に住む男性主人公と田舎の神社に生まれた女性主人公との時空を超えた交流を描いたお話である。結核療養やニュータウンへの移住、自然災害など、各作品の時代背景は異なるが、いずれも「神宿る隣の自然」との人知を超えた出合いが描かれている点で共通している。現代のわが国において、日常生活の中で神の存在を意識する人はごく一部であるかもしれない。しかし、これらのアニメーション映画が大ヒットした背景には、我々の生活のすぐ隣に神宿る自然の存在を感じることを、多くの日本人が根底で求めていることが影響しているのではなかろうか。

二〇二〇年以降、新型コロナウイルス（COVID－19）の世界的感染拡大の時代背景により、私たちの暮らしには様々な変化がもたらされた。その一つに、「住まい方の変化」がある。都市部においては感染リスクが高いことから、若者世代や都市住民の地方への住み替え需要が高まっていることが報告されて久しい。都市への集中を避け、地方での分散型の居住形態が展開される他、テレワークの普及やオンライン会議への移行など、どこに居ても仕事ができる社会になりつつあり、今後、都市と地方の両方を行き来する生活スタイルをとる二地域居住の需要を一層高めるものと考えられる。

八重山の御嶽――都市部に住む筆者、あるいは多くの読者の皆様にとっては、とてつもなく遠い存在のように感じるであろう。しかし、高度情報社会により超広域的に地方とつながることができ、住まい方が変化する時代のなかで、いつ「隣の」存在になってもおかしくはない。そこでは、本章で示したように、村で生きていくうえで侵してはならない隣の自然に神々を宿らせ、自然を敬い人知を超えた力の存在に畏れて生きる暮らしが今なお地域に根付いている。これこそが、我々日本人の自然観の根底にあり、アフターコロナ社会で求められる、持続可能な暮らしのお手本といえるのかもしれない。

第3章 奄美大島のノロ祭祀とカミヤマ

押田佳子

カミを祀る日本古来の信仰を神道《しんとう》というが、奄美群島から沖縄諸島、先島《さきしま》諸島（宮古・八重山諸島）など、近代以前に琉球王朝の影響を受けた地域では、アニミズムや土着的信仰要素を含む「琉球神道」が成立してきた。特に、琉球王国時代に、王国各地の宗教支配の手段として祭政一致体制に整備された宗教の一つに「ノロ祭祀（制度）」がある。ノロ祭祀は、琉球最後の王朝である第二尚氏《だいにしょうし》王朝の尚真王《しょうしんおう》の治世（一四七七〜一五二七年）に導入された中央集権制度であり、女性神役「ノロ（祝女）」は、尚氏王統期第三代尚真王の治世に確立した中央集権制の下「辞令書」で任命された、地方の村落の宗教的権威者である。ノロ祭祀は、概《おおむ》ね沖縄本島から奄美群島に至る範囲に導入され、薩摩藩の支配下となる慶長十四（一六〇九）年まで成立していた。その後、薩摩藩より辞令書の授受を禁じる法令が出されて以降、ノロ祭祀は徐々に衰退し、さらには慶応四（一八六八）年に発布された「太政官布告

（通称：神仏分離令）」により、日本国の法律においても禁じられることとなった。一方で、このような状況下においても、ノロ祭祀は一部の集落では地域の拠り所として粛々と継承され、その後、各集落独自の変容を遂げることとなった。この過程でノロ祭祀に用いられる祭祀空間（聖地）も、集落構造の一部として継承されている。

以上をふまえ、本章では、比較的近年までノロ祭祀が継承されてきた奄美大島におけるノロ祭祀について述べる。

奄美大島におけるノロ祭祀の継承状況

ノロ祭祀において重要な役割を果たす神役「ノロ」は、神々と交信することができる存在であり、祭祀において神そのものになる存在とされることから神人（かみんちゅ）とも呼ばれる。琉球国解体後もノロには血縁関係の女性が選出され、選出されたノロは、一〇〇を超える年中行事において、都度祈りを捧げてきた。しかしながら、近代化に伴う生活様式の変化や、過疎化、少子高齢化といった社会変容の影響を受け、ノロの継承者自体が減少し、ノロの高齢化やノロ不在となった集落も少なくない。奄美群島においても、与論島、徳之島、喜界島《きかい》、加計呂麻島《かけろま》においては、ノロおよびノロ祭祀が姿を消している。このような状況下で、ノロおよびノロ祭祀が未だ継承されている集落においても、ノロが関わる年中行事を集約したり、祭祀を集落の行事と化したりしたうえで区長がノロに代わって執り行うなど、来るべきノロ不在後に向け、各々が継承のあり方を模索している。

『沖縄・奄美の歳時習俗』(明玄書房)によると、二〇一六年時点で奄美大島において集落単位で実施されている年中行事は二八件あり、このうちノロが関わる祭祀には「ウムケ(オムケ)」「ウホリ(オーホリ)」「アラホバナ」「フーウンメ」「フユウンメ」などがある。これらを行う場所や日取りは集落ごとに異なっている。

ノロ祭祀空間の構造

湧上元雄(湧上他、一九七四)とヨーゼフ・クライナー(クライナー、一九八二)によると、ノロ祭祀における祭祀空間(聖地)は、集落ごとに差異は認められるものの、概ね「カミヤマ(オボツヤマ)」「カミミチ」「ミャー」「トネヤ」「イジュン」「アシャゲ」の六つで構成されている。湧上(湧上他、一九七四)に基づき、集落における祭祀空間の概念図を図3−1に示し、各祭祀空間の特徴を以下に述べる。

図3-1　奄美大島における祭祀空間の概念図

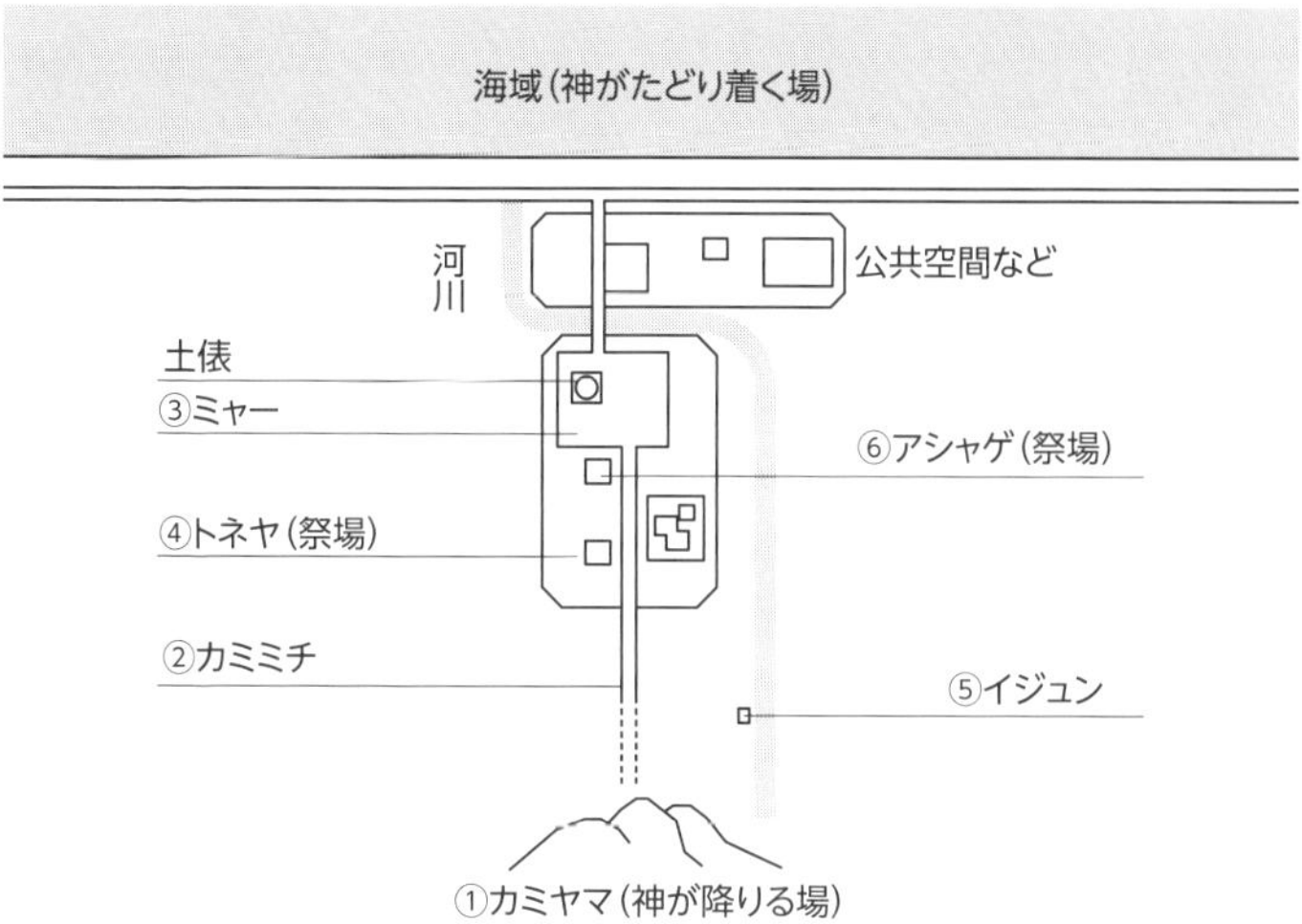

写真３－１（右）　カミミチ（名音集落）／写真３－２（左）　トネヤ（大熊集落のシャントネ。2019年に解体され、現在は残っていない）

①カミヤマ（神山、オボツヤマ）

神が去来する最も主要な聖地となる山であり、名称や形態に地域差はあるものの、原則一集落に一つ存在し、木の伐採や立入が禁止されている。禁止行為をすると祟りがあるとされてきた。通常「オボツ」山と呼ばれ、集落の背後にある。

②カミミチ

カミヤマに来臨した神が山から集落に降臨する際に通る道を指す。この道は必ずしも人が通れる規模である必要はなく、家と家の境界に設けた隙間（83ページ、写真3－1）など、その形態は様々である。神聖な道であるため、汚したり、日常的な利用が禁じられている。この禁忌も集落ごとに異なる。

③ミャー（ミヤ）

集落の中心にある広場。年中行事である八月十五夜と旧暦九月九日（豊年祭）には、ミャー内に土俵を設け、神に捧げるための相撲（琉球相撲）をとる。従来は豊年祭時に都度土俵を設置したが、近年では集落人口の減少、並びに高齢化の影響を受け、常設されているものが多い。

④トネヤ

一般民家と同様の建築様式の「祭場」（83ページ、写真3－2）。トネヤの神という集落の神が祀られ、祭祀における唯一の男性神役の「グジヌシ（ノロの血縁者が務めることが多い）」が管理に携わることが多く、グジヌシの住宅である場合もある。なお、一般的にトネヤはノロ一人あたり一軒である。

⑤イジュン

かつて集落の貴重な水源とされ、ノロや奉納相撲の参加者が清めの水として用いた泉や井戸を指す。過去には、日常生活や祭祀において重宝されたが、上水の普及やトンネル掘削工事により水源が枯れるなど、現状ではほとんど利用されていない。

⑥アシャゲ

ミャーの隣りに建てられる祭場。一般的に屋根と柱、床板のみの簡素な構造の建屋であることが多い。

なお、奄美大島ではノロ祭祀に用いられたイジュンの多くは枯渇《こかつ》または活用されておらず、またアシャゲは復元したもの以外は現存しないため、以降では、カミヤマ、カミミチ、ミャー、トネヤを中心に祭祀空間の継承状況について述べていく。

各集落におけるノロ祭祀および祭祀空間の継承状況

奄美大島では、一九七〇年代以降、ノロの高齢化や後継者不足が危ぶまれるようになり、民俗学を中心とした調査が行われ、記録として残すようになった。近年では、二〇一〇年の大和村《やまと》誌編纂《へんさん》に伴う調査において、ノロ祭祀が置かれている危機的な状況について記されている。

以降は、比較的近年にノロ祭祀の調査が行われた奄美市と大和村の四集落における、ノロ祭祀および祭祀空間の継承状況について述べる。

1．大熊《だいくま》（鹿児島県奄美市名瀬《なぜ》大熊）

近世以前より昔からカツオ漁が盛んで、奄美一の漁港、名瀬港を支える漁師町であり、人口減少が進む島内において今なお人口が増加している、活気のある集落である（図3－2）。

二〇〇三（平成十五）年に親ノロ（集落の祭祀の中心となるノロ）が他界するまでノロ祭祀が継承されてきた。親ノロは原則家筋《いえすじ》により継承され、かつてはこの他にウッカン（右脇ノロ、左脇ノロのこと。集落によって名称は異なるが、親ノロ、子ノロのように位の異なる複数の神

図3−2　大熊集落における祭祀空間の配置

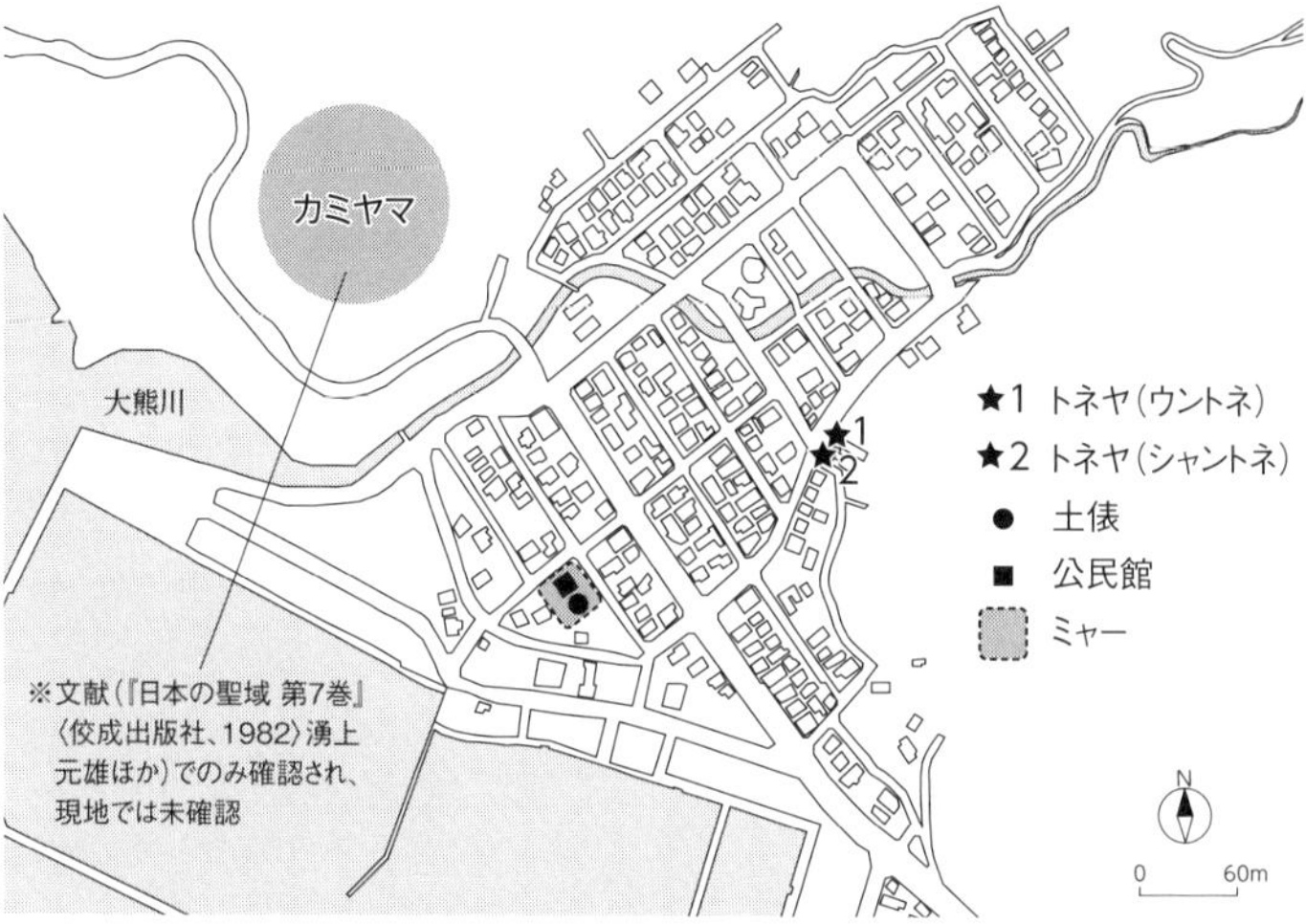

役が設けられることが多い）というノロがいたが、逝去に伴い現在は親ノロ同様不在となっている。二〇一六（平成二十八）年時点におけるノロ祭祀の継承状況は、全一三行事中、ノロ祭祀は一二行事あるが、ノロ不在後も祭祀として継承されているものは「インバンジレイ」「豊年祭（十五夜）」の二行事のみであった。このうちインバンジレイは、親ノロ不在後もグジヌシの自宅敷地内にあるトネヤ（大熊にはウントネ、シャントネの二つのトネヤがあり、ここでは集落の祭場として用いられた上図★1のトネヤ「ウントネ」を指す。ノロの住まいであった上図★2のトネヤ「シャントネ」はその後、グジヌシの高齢化と後継者不足により、集落の総意のもと、二〇一九年に解体された）で執り行われてきた。五穀豊穣を

祈願し旧暦八月十五日に執り行われる「豊年祭（十五夜）」は、集落外へ出た人が地元に戻り参加する「敬老会」と同時に催され、ノロ祭祀と集落行事が一体化した盛大なものとなっている。豊年祭では、集落の男児がカミに捧げる豊年祭相撲をとる習わしがある。男児らはウントネ前でお清めをしてから、公民館に併設する集落の中心的広場「ミャー」に至り、その後ミャーに設置された土俵で相撲をとる。

この他にノロ祭祀から集落行事へと転じた行事には、旧暦八月を一年の折り目として八月踊りを踊る「アラセチ」「シバサシ（アラセチの七日後の丙《ひのえ》の日）」「ドゥンガ（シバサシ後の甲《きのえ》子《ね》の日）」がある。グジヌシによると、「アラセチ」から「シバサシ」に至る期間は、かつては両トネヤの前で八月踊りを踊っていたが、一九九六（平成八）年の区画整理に伴いトネヤを建て直した際にウントネ前の広場面積が縮小、さらにノロ不在後はトネヤが個人宅であることへの配慮から、八月踊りの最初と最後にトネヤ前に集まり、それ以外はミャーで踊るようになった。

また、「マンセン神祭り（ウムケ）」「マンセンガミ祭り（オフリ）」「ハマジュウガン」などの七行事は、ノロ不在で執り行われなくなったことを確認している。

なお、カミヤマとカミミチについては、一九七〇年代の調査の際には確認されていたが、二〇一六年に筆者らが調査した際には具体的な位置や謂《いわ》れを確認できず、約四十年の間に継承が途絶えたと考えられる。

2. 大棚《おおだな》（鹿児島県大島郡大和《やまと》村大棚）

大和村は人口二三一人（二〇二二年時点）を抱える集落である（90ページ、図3－3）。大棚における親ノロは二〇〇八（平成二十）年に逝去して以降不在であり、二〇一七年現在子ノロ三名によりノロ祭祀が執り行われているが、子ノロは皆八十歳以上と高齢であり、後継者が決まっていない状況にある。また、大棚のノロは各家にトネヤを建てており、地区名称よりそれぞれ「イケダのトネヤ」「サトのトネヤ（二軒）」と呼ばれている。かつて神役が七名であった頃は、トネヤも七軒であったが、ノロの不在に際しトネヤも減少した。

年中行事におけるノロ祭祀の継承状況をみると、全一一行事中ノロ祭祀は一〇行事あり、現在もノロ祭祀として継承されているものは「マンセンガミ祭り（オムケ）」「マンセンガミ祭り（オーホリ）」「フーウンメ」など七行事であった。

ノロ祭祀から集落行事へと転じた行事には、「九月九日豊年祭」、これと同時に開催される「アラセチ（八月踊り）」「シバサシ」「ドゥンガ」がみられた。八月踊りは、かつては大熊のようにトネヤ前広場で行われていたが、高齢となったノロの負担軽減のため、集落を挙げての大行事である九月九日豊年祭と一括して壮年団長が取り仕切るようになった。この豊年祭

図3−3　大棚集落における祭祀空間の配置

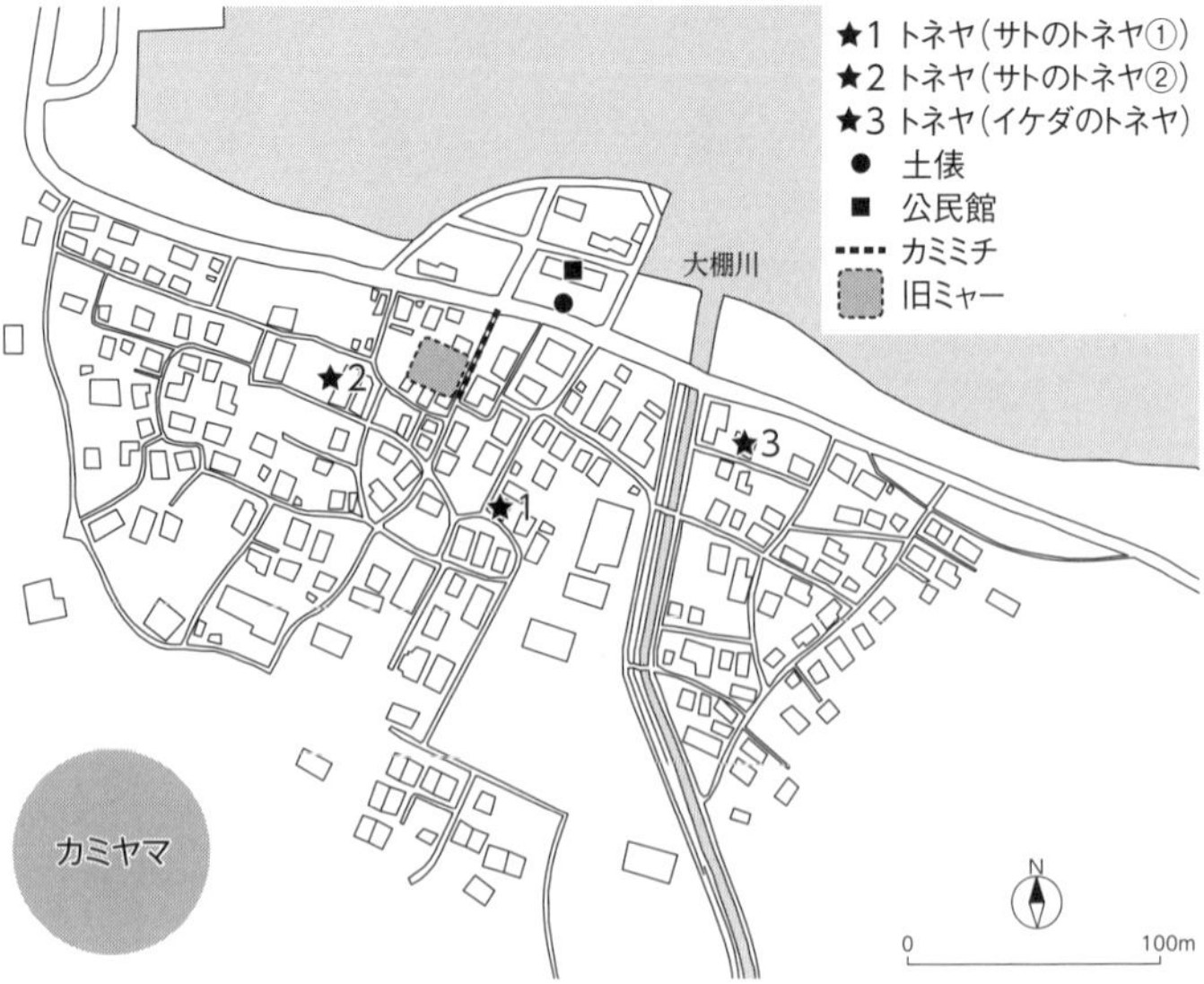

も、かつてはノロが関わる集落最大の行事であったが、大棚では将来ノロ不在となった後にも豊年祭が続けられるよう、集落で話し合いを重ね取り決めた。

この他に、豊年祭と並ぶ大行事に「敬老会」があるが、集落の高齢者に加え、村外から戻ってくる参加者も多いことからこれに配慮して、従来の十五夜ではなく、一月第三日曜日に学校の体育館で行うようになった。ノロ祭祀同様、集落行事においても、現代の生活様式に即した対応がとられていることがわかる。

以上より、大熊と同じく、大棚においてもノロ祭祀および集落行事に転じた祭祀の双方において、トネヤは重要な空間として活用されてきたことがわかった。

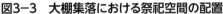

一方で、大熊でトネヤに代わるパブリックスペースとなっていたミャーは、二〇〇五（平成十七）年に埋立地に新たな公民館が竣工されたことに伴い消失しており、現在、集落全体の行事は小学校の体育館で執り行われている。

また、大棚における祭祀空間として、カミヤマである「メンヤマ（前山の意）」とカミミチの一部が継承されているが、いずれも祭祀や行事では活用されていなかった。カミヤマにはケンムン（奄美群島に伝わる妖怪。本土でいう河童《かっぱ》的要素に近い存在）が出るという伝承があり、立入・樹林の伐採が禁じられている。カミミチは、特に掃き清めるなどはされていなかった。

3．名音《なおん》（鹿児島県大島郡大和村名音）

名音集落（92ページ、図3－4）では、一九八〇（昭和五十五）年に親ノロ（現地ではウヤノロ）が逝去して以降不在、グジヌシも不在となっている。九月九日豊年祭（旧暦九月九日の祀《まつり》）では、ノロに代わる神役として鹿児島本土に嫁いだ女性（ノロの継承者、調査時七十代）に来てもらっている。

年中行事におけるノロ祭祀の継承状況をみると、全六行事中五行事がノロ祭祀であり、このうち現在もノロ祭祀として継承されているものは「九月九日豊年祭」のみである。九月九

図3－4　名音集落における祭祀空間の配置

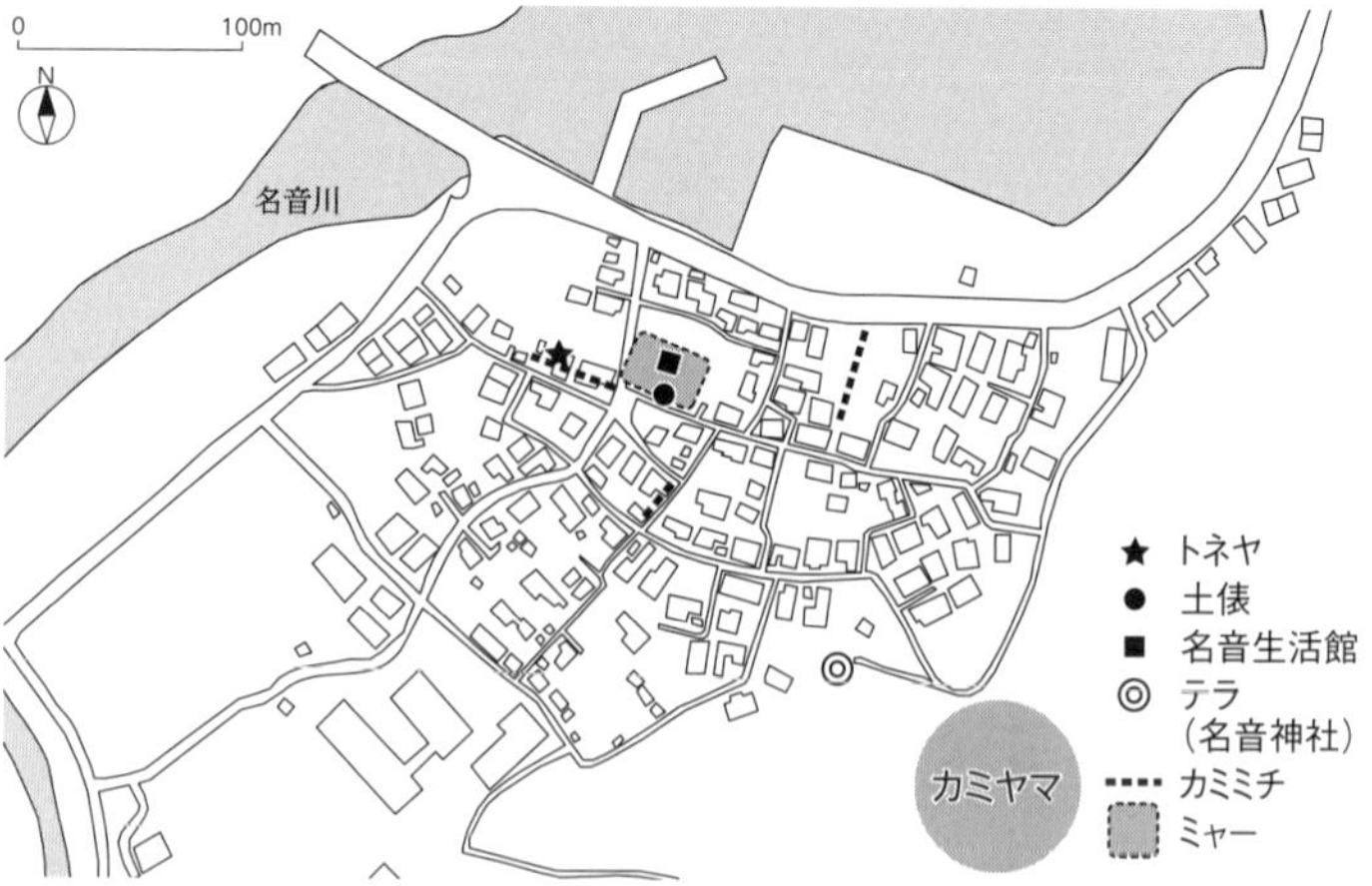

日豊年祭は、他集落同様、集落を挙げての一大行事であるため、集落外に出た人も参加できるよう、ノロ不在後に集落行事へと転じた「豊年祭（十五夜）」と「敬老会」とを併せて一度に執り行っている。執り行う場所は、公民館的役割をもつ名音生活館、これに併設するミャーと土俵であり、カミヤマ、カミミチ（83ページ、写真3－1）、トネヤも存在するが、これらは祭祀に活用されていなかった。カミヤマは、地域の水源涵養《かんよう》林であることから、立ち入りや伐採が禁じられている。トネヤは他の集落とは異なり、祭祀用に建物を建てるのではなく、ノロが住む家をトネヤとする風習があるため、最後の親ノロ宅がトネヤとして残ってはいるものの、機能していないことを確認した。カミミチは、建物の間に隙間を通す程度の細いものであり、新規に建物をつくる際に隙

図3−5　津名久集落における祭祀空間の配置

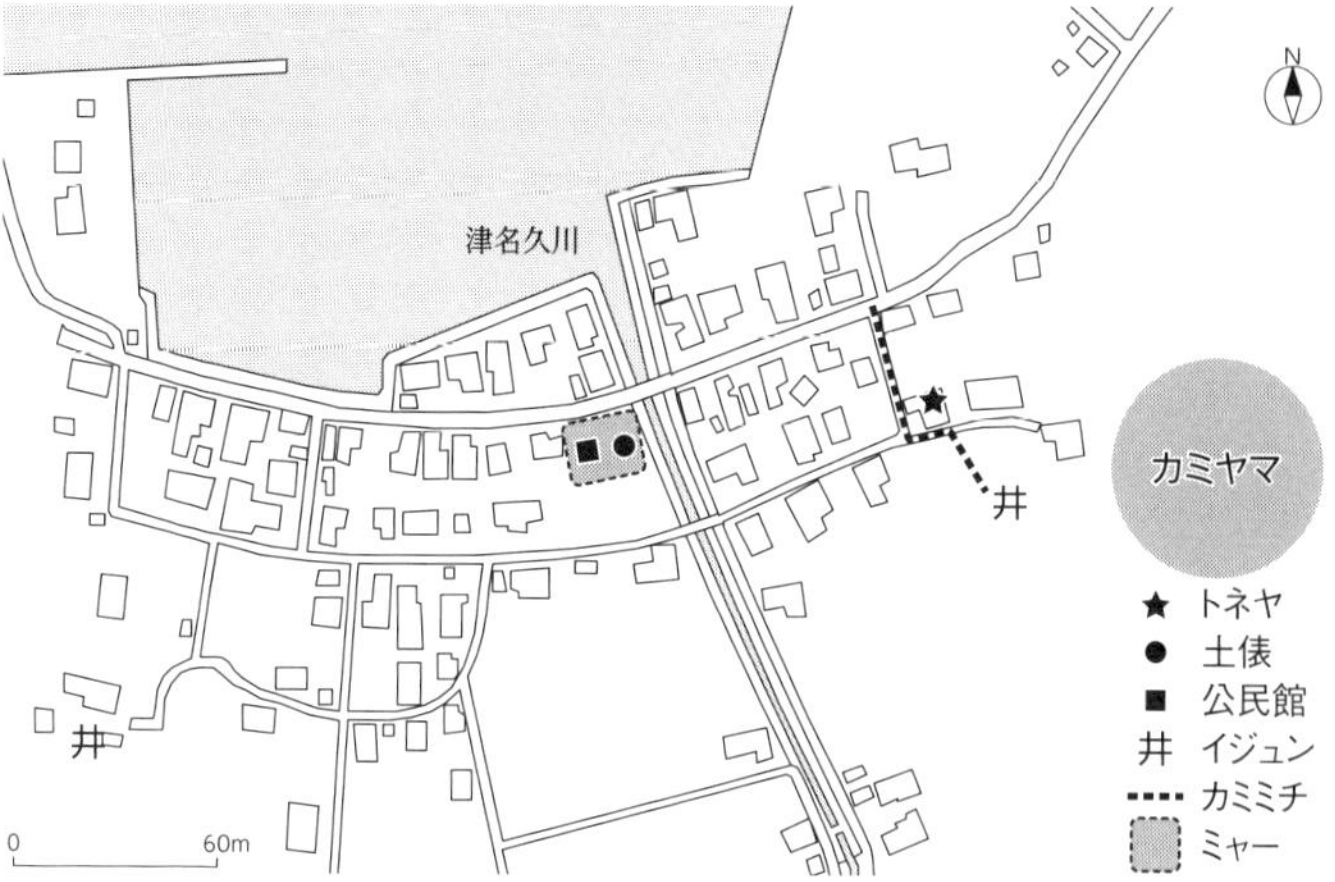

間を空けて「カミミチを通す」という風習は残されているものの、本来的な意味までは継承されていないことがわかった。

なお、農業収穫に関わるノロ祭祀「フーウンメ」と「フユウンメ」は、いずれもノロ不在後に集落の総意かつ区長の承諾のもと、中止が決定されている。

4．津《つ》名《な》久《ぐ》（鹿児島県大島郡大和村津名久）

津名久集落（図3−5）では、ノロ不在となってから四十年以上が経過している。

年中行事におけるノロ祭祀の継承状況をみると、全五行事中四行事がノロ祭祀であり、現在はノロに代わり区長がノロ祭祀として「九月九日豊年祭」、ノロ祭祀と集落の行事を兼ねるものとして「豊年祭（十五夜）」を執り行っている。これに「敬老会」を合わせた三行事は、全て公民館とミャーで執り行われている。集落の男性たちが相撲をとる十五夜では、相撲に参加する者がイジュン（井）からカミミチを通ってトネヤ前の広場に行き、最終的にミャーに到着し相撲をとるという手順が踏まれ、祭祀空間が積極的に活用されており、対象の四集落の中で祭祀空間の継承が最も順調になされているといえる。しかし、カミヤマに神が来臨し、カミミチを経て集落を巡り、最終的に海に至る琉球神道の概念からみると、現在残るカミミチは全体の一部に過ぎず、カミヤマや海との関係性は徐々に薄れてきたと推測される。

これは、海神・テロコガミを祀る「オムケ」「オーホリ」がノロ不在後、中止されていることからも窺える。

ノロ祭祀と祭祀空間の継承状況の関係性

今回対象とした四集落のノロ祭祀空間の継承状況において、カミヤマは全集落で現存したが、ノロ祭祀において全く活用されていなかった。カミミチは三集落で現存するが、カミヤマから海に至る一連の道筋は残されておらず、加えて、祭祀での活用は津名久のみであった。

これらのことから、山が信仰の対象となるカミヤマにおいては、今後も物理的に損なわれることはないと考えられるが、大熊においてカミヤマそのものの位置が継承されていない事例にみられるように、祭祀などで集落との関わりが途絶えつつあること、カミミチに至っては、残されたものですら完全体でなく、ノロ祭祀が果たしてきた集落の自然要素を繋げる役割を果たしていないことから、琉球神道が本来有した信仰の概念が消失寸前であることが窺える。

一方、集落の広場であるミャーは、大棚を除く三集落に現存し、これらは併設された土俵とともに活用されていたことから、元来公共空間的な要素をもつ祭祀空間は地域の拠り所として継承されやすいことが窺え、今後も集落の中心としての存続が見込まれる。

また、トネヤは全集落に現存したが、二〇一七（平成二十九）年の時点で大熊と津名久でのみ活用されていた。これは、トネヤが基本的にノロやノロの血縁者の個人資産であることから、ノロ不在後は活用しづらくなるためといえる。ノロ不在後もノロ祭祀に積極的に関わってきた大熊においても、二〇一九（令和元）年にノロの住まいであったシャントネを解体した経緯にみられるように、後継者の不在や所有者の高齢化に伴う維持管理の負担を考慮すると、トネヤは今後消失の可能性が高い祭祀空間といえよう。

また、多くの集落で少子高齢化、過疎化の信仰は進んでおり、ノロの在・不在にかかわらず、全ての行事をそのまま継承することが難しくなっている。大熊における豊年祭（十五夜）と敬老会、大棚の豊年祭（十五夜）とアラセチのように、本来のノロ祭祀を多くの人が訪れる集落の重大行事へと転じ、かつ集約することで、今後も文化としての継承がなされるといえよう。加えて、開催の場となるミャーは、数百年の歴史をもつ集約の拠り所の役割を果たし続けると期待される。

以上、本章では奄美大島のノロ祭祀を通して、信仰と祭祀空間の継承状況の関係性について記した。奄美大島では、ノロ祭祀が集落行事に転じ集約されるという変化がある一方で、催しの場となるミャーは、旧来より続く集落の中心、つまり集落の拠り所として存続する可能性が示された。このような変化を受け入れつつ、かつての伝統をどのように伝え記録するかが今後の課題となるであろう。

コラム①　森・山・嶽を祀る信仰の広がりと可能性
―若狭・九州山地・南九州・南西諸島・そしてラオス北部へ―

（川野和昭）

それにしても、この日本列島に住む人々が示す森や山、嶽《たけ》に対する畏敬の念の深さには、驚きを禁じ得ない。特に、若狭大島から西南日本、南西諸島にみられる森や山、嶽に対する信仰は、その生態的形態、信仰の対象に連続性があると考えてよい。例示すれば、若狭大島のニソの杜《もり》や九州山地のモリ（森）やカクラ（鹿倉）、南九州のモイドン（森殿）、種子島のガローヤマ、吐噶喇《とから》列島の御岳、ネガミヤマ（根神山）、メガミヤマ（女神山）、奄美のカミヤマ（神山）、オガミヤマ（御拝山）、琉球諸島のウタキ（御嶽）などである。

その遠景は種子島まではいずれも鬱蒼たる照葉樹の森として見える（99ページ、写真参照）。しかし、その内部を見ると、その森の中心にはタブノキやカシノキ、シイノキ、ビロウノキなどの一本の大木が祀られている。さらに、その巨木を守るツバキノキやシメキ（注連木）とか、モリキ（守木）と呼ばれるサカキノキが取り巻くという形を示す。つまり、モリ（森）とは、一本の大木のみを意味し、その他の木々がそれを守る形で遠景としては一つの鬱蒼たる森として映るのである。それに対して、吐噶喇以南においては、ビロウノキが主体の山、森、嶽なのである。ただ、特定の一本の大木やシメキ、モリキに相当するものが意識されているかは明確でなく、全体として理解されていると思われる。

それらはいったい何を祀っているのか。祀り日は、旧暦霜月の秋の収穫が終わった秋の大祭やカンマツリ（神祭り）である。種子島のガローヤマは正月やお盆、六月などが多い。奄美や琉球諸島も、収穫の夏の時期が中心であり、祀る人々は、集落の始祖家ないしその同族団、集落の構成員である。目的は、当該年の収穫物・収獲物を供え、その贄物《にえもの》を最初に嘗《な》めてもらう新嘗の祭りである。誰に供えるのか。それは始祖の霊・先祖の霊ということである。その霊が、常在神、来訪神かは別として、確かに祀り日にいる場所こそが森や山、嶽なのである。

こうした森は、日本列島の遥か南のラオス北部の焼畑民にも認められる。たとえば、ルアン・ナムター県ムンシン郡ヤールー村（アカ族）では、集落が新しく移動してきたとき、水源地とともに最初に、集落背後のシイノキの大木が鬱蒼と茂ったミショロの森（先祖の霊を祀る聖なる森）が選定され、日常的な立ち入りや枝・柴の採取が厳禁される。この禁忌を破ると激しい祟りがある。この森では、陸稲栽培の焼畑を焼く一週間前に豚を屠《ほふ》り、一本の大木に祭壇を作って頭骨内臓を供え、周囲の木の幹には生血を塗り悪霊の侵入を防ぎ、村人全員で豊作を祈願し豚肉を共食する。終了後、出入り口には、すべての出入を禁止するダレオ（六つ目の竹編み）が立てられ、それ以降、この森に侵入したり、木を伐ったりすると激しい祟りがあるとされる。新しい村の開拓時にミショロの森が選定されること、こんもりと茂る照葉樹の森、祭祀木の一本の大木、周囲の守木、侵入や伐採禁止として激しく祟ることなど、日本列島の森や山、嶽の信仰に極めて深く類似する。

日本列島の森や山、嶽の信仰も、こうしたアジアの焼畑地帯との比較の中で、新たに議論される必要があることを指摘しておきたい。

屋敷の後背斜面に迫る、竹藪の中のカシの大木の「森」（宮崎県児湯郡西米良村深瀬〈こゆぐんにしめらそんふかせ〉 2009年５月５日撮影）

コラム②　祭祀の場に関わる文化財保護制度（大平和弘）

わが国では、長い年月をかけて培《つちか》われ、今日まで守り伝えられてきた貴重な国民的財産を、「文化財」として捉え、文化財保護法（一九五〇年制定）に基づき、その保存と活用が図られている。文化財は、歴史的な建造物や美術工芸品などの「有形文化財」、演劇や音楽・工芸技術などの「無形文化財」、生業や信仰・民俗芸能などの無形要素とそれらに用いられる衣服や器具・家屋などの有形要素を含む「民俗文化財」、史跡・名勝・天然記念物を包含する「記念物」、地域固有の生業や風土により形成した景観地を選定する「文化的景観」、歴史的な建造物が建ち並ぶ街並みを選定する「伝統的建造物群」の六つに大別することができる。これらに指定・選定・登録されることで、そのものの価値を守るため、改変などに一定の制限がかけられ、保存修理や整備等に対して補助が受けられるなどの措置が講じられる。

祭祀に関わる文化財としては、祭祀に用いる建物の場合「有形文化財」として、祭祀そのものや祭祀に用いる道具の場合「民俗文化財」として、祭祀の場が歴史上鑑賞上の価値を併せ持っている場合「史跡」や「名勝」として、祭祀の場が面的に広がる景観地や歴史的な街並みの地域に含まれる場合「文化的景観」の構成要素や「伝統的建造物群保存地区」の環境物件などとして、一定保護が図られる可能性がある。しかしながら、本書で扱う「神宿る隣の自然」、すなわち規模が小さく煌《きら》びやかな祭祀や建造物すら存在しない儀礼空間、あるいはどこまでが祭祀の場であるのか、明確な土地領域を示しにくい樹林や海岸などの自然地といった、わが国の多くの祭祀の場は、文化財としての価値を見出されることなく、信仰の形骸化や信仰者の途絶とともに、消失の運命を辿ることとなる。

一方、世界的にみると、ユネスコの無形文化遺産の保護に関する条約（二〇〇三年）において「無形文化遺産」の一つとし

荘厳さを感じる真知御嶽（沖縄県竹富町）

て、「祭祀や芸能を行う上で不可欠な空間」が「文化的空間」と定義され、保護すべき対象として明記されている。ここでいう「空間」とは必ずしも明確な土地領域をもたない、「空気感」や「雰囲気」なども含むとされる。鬱蒼とした森にサンゴ砂が敷かれて香炉が置かれただけの八重山の御嶽に、神が座す荘厳さを感じる――その感覚の共有こそが御嶽の本質的な価値であり、まさに「文化的空間」に相応《ふさわ》しい物件ではあるまいか（101ページ、写真参照）。この点、わが国では、「文化的空間」という考え方は未だ浸透していないのが現状である。しかし、近年「文化多様性」や少数民族・先住民族の権利などが国際社会のキーワードになっていることを背景に、わが国においても、アイヌの熊送りの儀式（熊を殺した際の魂であるカムイを神々の世界へ送り返す儀式。アイヌではイオマンテという）の場の整備が進められている。祭祀の場を「文化的空間」として保護、再生していく社会的気運が今後高まることが期待できるかもしれない。いずれにせよ、本書での議論を含め、これから研究や議論を蓄積していくべき考え方であることは間違いない。

第2部

都市域における祭祀の場の存続状況

第4章 阪神地域における社寺の変容

上甫木昭春

通常、モイドンやウタキなどの「始祖的な祭祀の場」には、神社のような建物は存在しない。神社という建物をつくり、そこに神々を祀るようになったのは、六世紀、寺院を建設する仏教が伝来し、その影響を受けてからのことである。

しかし、モイドンの中には、錦江町の瀬戸山のモイドンのように、かつて簡易な祠がつくられていたものもある。その祠は現在では台風でなくなっているが、狐の置物が多く供えられ、「稲荷神社」とも呼ばれており、神社へと移行しつつあるモイドンともいえる。このように、現在の社寺（神社や寺院）の一部は、始祖的な祭祀の場が発展した形態と考えることができる。

本章では、江戸期から現在にかけて社寺がどのように存続してきたか、変容してきたかを、阪神地域を対象とした調査をもとに探る。

社寺は古来、信仰の対象であり、名所として人々に親しまれてきた。江戸時代の社寺や緑の様相は、「名所図会《めいしょずえ》」に描かれた挿絵などで知ることができる。名所図会とは、当時の人々が訪れたい景勝地や町などを紹介した、今でいう旅行ガイドブック、あるいは居ながらにして当地を疑似体験できる写真集のようなものである。

ここでは、江戸時代の阪神地域を知る手がかりとして、『摂津《せっつ》名所図会』（一七九六〜一七九八）と『和泉《いずみ》名所図会』（一七九六）を参照する。

名所図会に描かれた社寺と緑

『摂津名所図会』と『和泉名所図会』の挿絵に描かれた名所の総数は五二二件である。種類別に見ると、上から順に「仏閣」「神社」「塚・墓」「店・町並み」「樹木」となっている（106ページ、表4－1）。社寺（「仏閣」と「神社」の合計）は約四割を占めており、江戸期においては社寺が名所として最も親しまれていたといえる。社寺には社叢林などの樹林が形成されており、緑も豊かである。

樹木それ自体に由来する名所である「樹木」は五番目に多く、現代人が名所と聞いて連想する「店・町並み」と同程度で、「川」「滝・井戸・泉」などよりも上位に位置する。なお、「樹木」における樹種は「マツ」が圧倒的に多く、一般に言われている通り、日本人の「松」に対する嗜好を裏付けている。

名所図会の挿絵の九〇パーセント近くには樹木が登場し、樹木を構成要素とする名所の割合は全体の七七パーセントに達している。江戸期において、樹木が名所の構成要素として普遍的な存在であったことがわかる。

近年の名所に目を向けると、近代化に伴う巨大な土木構造物や建築物など人工構造物が多くなっていると思われる。そこには、緑や水などが導入されることもあるが、背景や付属的な修景要素に留まっているケースが多い。

表4-1 名所図会に描かれた名所の種類と箇所数

種類	数	割合
仏閣	110	21.1%
神社	88	16.9%
塚・墓・古蹟	51	9.8%
店・町並み	29	5.6%
樹木・樹林	25	4.8%
川・河岸・瀬	14	2.7%
海浜・海	11	2.1%
泉・井戸	11	2.1%
山・谷	10	1.9%
住居・庵	10	1.9%
橋	8	1.5%
滝	6	1.1%
道・坂・辻	4	0.8%
池	4	0.8%
石・巌	2	0.4%
その他(市・行事・故事等)	69	13.2%
見出しなし	70	13.4%
合計	522	100%

社寺の存続状況

江戸時代に名所として人気を誇った社寺は、近代の都市化のなかで、どのように存続・変容してきたのだろうか。大阪市内の社寺七五カ所を対象とした調査をもとに、明治前期（一八九〇年）から現代（二〇〇〇年）にかけての敷地の変容を見てみよう（表4－2）。

過半数の社寺は敷地が変化していない。都市の自然美を維持するための風致地区に指定された社寺はこの傾向がやや高い。

約三割の社寺は敷地が縮小している。縮小の要因は、第二次世界大戦による戦災と戦後の土地区画整理が多い。

約二割の社寺は消失した。消失の要因は、神仏分離令がきっかけになったものが四カ所、戦後の土地区画整理が四カ所と最も多く、次いで合祀が二カ所、さらに戦災・火災がそれぞれ一カ所ずつだった。

明治前期から現代までの間に敷地が拡大した社寺は存在し

表4-2 明治前期から現代にかけての敷地の変容

変容内容	神社	仏閣	合計
変化なし	23	16	39
	53%	50%	52%
縮小	11	11	22
	26%	34%	29%
消失・不明	9	5	14
	21%	16%	19%
合計	43	32	75
	100%	100%	100%

なかった。

都市化の著しい大阪市内においては、半数の社寺は敷地もそのまま存続し、規模が縮小したものを含めると八割強の社寺が存続していた。

社寺の緑の変容プロセス

それでは、社寺の敷地内の緑に変容はあったのだろうか。ここでは、大阪市内の一二カ所の社寺を対象とした文献調査や管理者への聞き取り調査をもとに、四事例における緑の変容プロセスを紹介する。

大江《おおえ》神社

江戸期の『摂津名所図会』には、斜面や境内広場に多くのマツが描かれている。敷地は明治前期と現代で変化していない。風致地区制度が一九三三年に指定されているが、調査当時の管理者は「勝手に指定されていた」と認識は薄かった。戦災により、建物・緑地ともに全焼し、緑を復元するための参考となる記録や資料も焼失してしまった。

一九六三年に本殿を再建し、それに伴い、境内周辺、本殿後背部、境内西側斜面に、クスノキ、エノキを用いて緑地を徐々に復元した。

一九九七年に境内緑地に保存樹林指定がなされ、助成金（管理費用の半額、上限五〇万円）が支給されたが、指定後は特に何もしなかった。しかし、一九九九年の台風一八号により、境内周囲の樹木が倒れ、近隣住民から安全管理に対する苦情が発生した。そのため、苦情発生後は樹医による定期診断を行うようになり、助成金の一部をその費用として活用している。しかし、緑地面積が広く、管理費用不足が問題となっている。

今宮戎《いまみやえびす》神社

『摂津名所図会』には、境内周縁部にマツやスギ、その他の樹木が描かれている。敷地は明治前期と現代で変化していない。戦災により、建物・緑地ともに全焼した。

一九五六年に本殿と拝殿を再建し、一九六六年に大国社《たいこくしゃ》、稲荷社、社務所が完成した。それに伴い、入口部、本殿後背部に、クスノキを用いて緑地を徐々に復元した。

現在、境内中央部には十数本の樹木が、箱型の木製プランターに植えられている。これは、毎年一月九日から十一日の「十日戎《とおかえびす》」に訪れる一〇〇万人を超す参詣者など（コロナ禍以前）の安全を確保するための工夫である。十日戎の際はこの箱植え植栽を人の少ない場所に移動する。境内の広場の利用者の増大に伴い、「可動的な緑地」が導入された事例である。

調査当時の管理者は「保護はいらない」と強制力を敬遠し、法的担保を利用していなかった。

新清水寺《しんきよみずでら》

『摂津名所図会』には、マツやその他の樹木が多く描かれ、境内東部にはタケが描かれている。敷地は明治前期と現代で変化していない。風致地区制度が一九三三年に指定されているが、調査当時の管理者の認識は薄かった。戦災により、建物・緑地ともに全焼した。一九四九年に本堂、「玉出の滝」を再建・修復した。それに伴い、建物周辺部のみに緑地を復元したが、かつての斜面緑地は墓地としての利用に変更した。この大幅な墓地の導入に伴い、緑地の割合は激減し、現在はカシ、クスノキが点在するだけとなっている。また、調査当時の管理者も緑地に対して関心がなく、全く管理していなかった。それでもなお、二〇〇〇年当時、『摂津名所図会』と同じ場所にタケが存在していた。

桜　宮《さくらのみや》神社

『摂津名所図会』には、本殿後背部にマツ、その他の樹種による樹林、境内東側にサクラなどが描かれている。敷地は明治から現代までの間に徐々に縮小した。一八八五年の淀川大洪水により、境内のサクラは全て流失・枯死したが、一九二三年の桜之宮公園開園に伴い、境内にサクラを植樹した。

戦災により、建物・緑地ともに全焼したが、一九六〇年に本殿を再建し、その後、境内周辺部・参道部に徐々にサクラを復元した。

図会と同じ樹種による復元がなされた名所はこの事例のみで、幾度の災害を受けても同じ樹種（サクラ）にこだわり続けていた。

以上の緑の変容プロセスについてまとめよう。

第二次世界大戦の戦災で緑地を焼失した名所では、緑地は単独で復元されるのではなく、建物の再建に伴って徐々に復元される傾向が見られた。その復元も、戦前と同じ状態に戻すのではなく、今宮戎神社での「可動的な緑地」や、新清水寺での墓地導入による緑地減少などのように、境内の空間利用の変化による限定的な復元が見られた。

緑の継承には、保存樹林制度などの法的担保や、積極的に保全しようという管理者の意識が影響していた。

社寺の緑の形態と植生の変容

社寺の緑（社叢林）の存在形態と植生（樹種）の変容について詳しく見てみよう。都市化の著しい大阪府から兵庫県南東部までの阪神地域の六九カ所の社寺を対象とした調査をもとに、江戸期と現在の社叢林を比較考察する。なお、調査対象としたのは、『摂津名所図会』および『和泉名所図会』により社寺の全体像を概ね把握でき、現在まで移動していない社寺である（写真4－1、写真4－2）。

社叢林の存在形態は、広場的空間に緑が散在する「広場型」と、面的な樹林を持つ「樹林型」に大別できる。

江戸期では、樹林型が六八パーセントと大勢を占め、広場型は三二パーセントであった（114ページ、表4－3）。現在では、広場型が六五パーセント、樹林型が三五パーセントとなっており、江戸期とは比率が逆転していることがわかる。

社叢林といえばこんもりとした「入《い》らずの森」のような樹林型がほとんどというイメージをお持ちの方も多いと思うが、意外にも江戸時代から既に広場型が三割も存在し、現代では七割近くが広場型となっているのである。

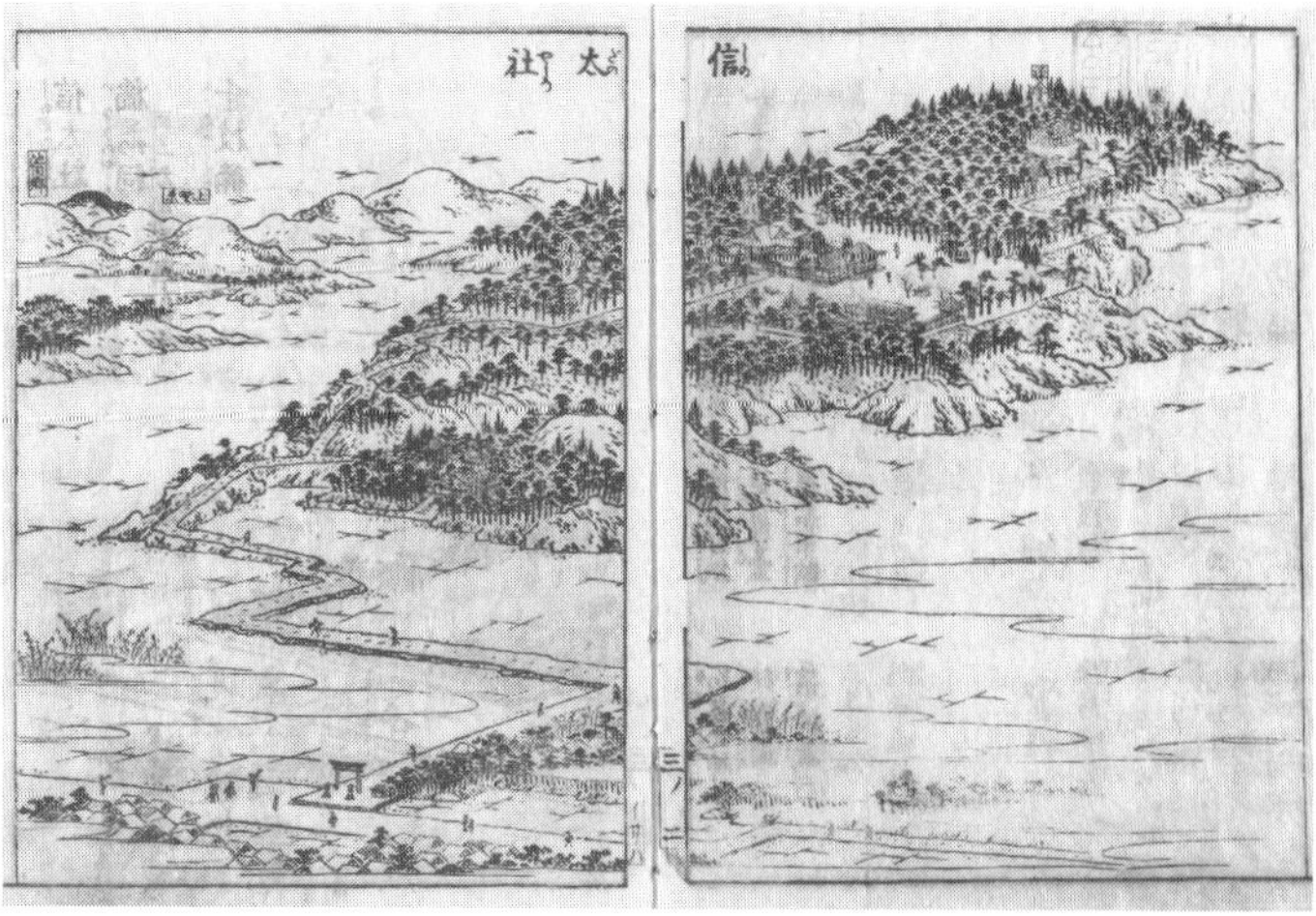

写真４－１　名所図会にみる聖神社（出典：国立国会図書館デジタルコレクション『和泉名所図会』第３巻）

写真４－２　航空写真にみる聖神社（出典：国土地理院空中写真閲覧サービス）

社叢林の存在形態の変容に影響を与えたものはなんだろうか。一つの候補として地形条件が考えられる。

江戸期から現在まで広場型を維持している社寺は、茨住吉《いばらすみよし》神社など二〇カ所で、平坦な集落地に立地している傾向がある。樹林型を維持している社寺は、聖《ひじり》神社など二二カ所で、起伏の大きな土地に立地している傾向がある。

樹林型から広場型へと変容した社寺は、神明《しんめい》神社など二五カ所で、全体の三六パーセントと最も多く、起伏の小さな土地に立地している傾向がある。逆に、広場型から樹林型へと変容した社寺は、日部《くさべ》神社と生國魂《いくくにたま》神社の二カ所のみであった。

この結果から、緑の形態の変容には、少なからず地形条件も寄与しているといえる。地形の起伏の違いは、建物の建設の難易度に影響しており、起伏の大きい土地では大規模な造成が必要であることが、結果的に樹林の存続に寄与しており、逆に起伏の小さな土地では、開発が容易であり、周辺の樹林が宅地化し、広場型に移行していると推測される。

表4−3　社叢林の存在形態の変容

		現代		
		広場型	樹林型	合計
江戸期	広場型	20	2	22
		29%	3%	32%
	樹林型	25	22	47
		36%	32%	68%
	合計	45	24	69
		65%	35%	100%

名所図会の挿絵から、江戸時代における社叢林の樹種をある程度類推できる。名所図会に最も多く描かれているのはマツである。しかし、現代の社寺にはマツの姿はほとんど確認できず、クスノキが最も多く、ほかにはエノキ、サクラなどが見られる。

堺市の三一カ所の神社を対象にした植物生態学的な実態調査によると、いわゆる「自然度の高い樹林」は、一〇カ所の神社に存在し、全敷地面積の二〇パーセントに留まる。「自然度の高い樹林」とは、人の入り込みによる影響が低く、高木に覆われ、中が低中木で密生している樹林をいう。

その自然度の高い樹林を構成する樹種の組成は、照葉樹林を代表するコジイやマンリョウなどが欠落し、タケ類や帰化種が侵入していた。これは、この地域に本来成立する照葉樹林の構成とはかけ離れた状況である。また、社叢林の規模を見ると、二〇〇〇平方メートルに満たない規模のものも多い。規模が小さなものほど樹種の数は顕著に少ない。

社叢林は、都市域の中では景観的側面だけでなく、地域の自然の多様性を保全継承する側面からも重要であるといえる。そのために、樹林面積の保全・拡大、タケ類の伐採、帰化種の除伐などといった適切な植生管理が課題となっている。

名所としての社寺の見どころの変化

江戸期に名所として親しまれた社寺の中には、現代でも名所として親しまれているものもある。江戸期には緑が名所としての重要な構成要素だったが、現在では社寺の緑は全体的に減少傾向にあり、その植生も変わっている。現代でも人気のある社寺は、緑以外に何を魅力としているのだろうか。

兵庫県内の一〇カ所の社寺を対象に、江戸期、一九五〇年代、現代の三時期に書かれた文献からその「見どころ」を抽出した調査より、その変容を考察する（表4－4）。文献は、江戸期は『摂津名所図会』、一九五〇年代は『兵庫県地理地質観光と石器古墳』（一九五八）および『雄県兵庫』（一九五三）、現代は『兵庫県の歴史散歩（上）』（二〇〇〇）ほか五つの文献を参照した。見どころは、「歴史、いわれ、信仰等」「建造物、仏像等」「祭り、イベント等」「自然、景観等」の四つに分類した。

ここでは、一例として、現代も名所として知名度が高い須磨寺《すまでら》を取り上げ、見どころがどのように変化してきたのかを読み取ってみよう。

江戸期の『摂津名所図会』には、須磨寺の主な見どころとして、「仁王門の金剛力士像は運慶《うんけい》・湛慶《たんけい》の作。寺宝には青葉の笛など（平《たいらの》）敦盛《あつもり》のゆかりの品々がある」などの「建造物、仏像等」についての記述、「須磨寺の前は景勝地であった。霊験あらたかである」などの「自然、景観等」「歴史、いわれ、信仰等」についての記述がある。

一九五〇年代では、「敦盛愛用の青葉の笛など多くの寺宝がある」など、江戸期と同様の「建造物、仏像等」についての記述がある。また、「桜の名所。源平合戦に関する伝説が多い」などの「自然、景観等」「歴史、いわれ、信仰等」の記述がある。

表4-4　兵庫県内の社寺の見どころ数の変容

種類	江戸期	1950年代	現代
歴史、いわれ、信仰等	13	16	22
	43%	50%	41%
建造物、仏像等	7	7	13
	23%	22%	24%
祭り、イベント等	4	3	12
	13%	9%	22%
自然、景観等	6	6	7
	20%	19%	13%
計	30	32	54

現代では、前の二時期と重なる見どころとして、「敦盛ゆかりの品々。仁王門の金剛力士像。桜の名所。源平合戦の伝説」などがある。現代で初めて登場するものに、「折衷様式の宮殿は国の重要文化財」という「建造物、仏像等」についての記述、「源平の庭。弘法大師信仰にゆかりがある」といった新たな「歴史、いわれ、信仰等」についての記述がある。さらに、「在原行平が考案したという一《いち》絃《げん》琴も著名である。毎月第一日曜に骨董市、二十、二十一日に縁日が実施される」といった「祭り、イベント等」の記述も見られる。

このように、現代でも知名度が高い須磨寺では、かつてから存在する見どころを継承するとともに、「歴史、いわれ、信仰等」「祭り、イベント等」に関連した見どころを新たに付加している。

表4－4のとおり、社寺の見どころの数は、江戸期の三〇個、一九五〇年代の三二個に比べ、現代では五四個と増えている。種類別に見ると、「歴史、いわれ、信仰等」「建造物、仏像等」の個数は増えているが、各時代における構成割合はさほど変わらない。それに対し、「祭り、イベント等」の個数の増加は顕著であり、構成割合も倍増している。「自然、景観等」の個数はほぼ変わらないが、合計数が増えたことにより、構成割合は減少している。

現在も名所として存続している社寺では、自然的な特性に依存する見どころは相対的に比重が減り、「歴史、いわれ、信仰等」「建造物、仏像等」「祭り、イベント等」といった、人為的に付加し得る見どころが増加していることがわかる。参詣者の直接的増加にも結びつくと思われる「祭り、イベント等」の増加は特筆される。

さらに、現代でも知名度が高い社寺は、いずれの時代においても、見どころの数が多く、現代では見どころの数が江戸期の約二倍近くに増加している。逆に、現代での知名度が低い社寺は、見どころの数が減っている。

したがって、かつての名所であった社寺の継承と再生を図るためには、歴史的ないわれなどが風化してしまうことがないように伝承などを守り伝えていくことや、継承されてきたものを守るだけでなく、現代的な新たな見どころを付加して活性化させることが必要であると考えられる。

以上のように、阪神地域においては、都市化が激しい地域であるにもかかわらず、社寺は空間形態や緑の様相が変化しつつも、現在も地域社会の拠り所として、頑強に存続し続けていることがわかる。

しかし、社寺と地域や人々との関わり方は、かつての鎮守の杜が担っていた寄合や収穫祭などの地域の拠り所から、初詣でや七五三といった個人の拠り所へと変化しており、地域社会の拠り所としての社寺の役割が徐々に薄れてきていることは否めない。

今後、地域や地域住民にとっての精神的拠り所性を再構築していくためには、それぞれの社寺の有する法制度や地形特性を踏まえつつ、伝統的な祝祭に加えて新たなイベントの開催や新たな役割、そしてそれを実践していくための運営の仕組みや支援方策などを検討していくことが望まれる。

第5章 東京都心における狭小神社の成立

押田佳子

東京の都心部、特に千代田区や中央区には、首都の中枢たる官公庁やオフィス、大規模な商業地が林立し活気づいている。近世においては、宮城（江戸城、現在の皇居）に近い立地であることから、武家地、町人地などが割り当てられたが、近代以降、激動の最中にあった統治においては、当時の面影を偲《しの》ばせる場は寺社などに限られている。

東京都心には神田神社（神田明神、伝七三〇年創建）、湯島天神（湯島天満宮、伝四五八年創建）、浅草寺および浅草神社（神仏分離令により一八六八年寺社に分離、伝六二八年創建）など由緒ある著名な寺社がみられる一方で、近世には地方から江戸に集まった人々によって多くの寺社が建立された。特に江戸中期以降は「稲荷信仰」が流行し、『東都歳時記』に「江府はすべて稲荷の社夥《おびただ》しく、武家では屋敷毎に鎮守の杜あり。市中には一町に三五社勧請せざることなし」と記されるほどであったことが窺える。近代以降、これらは神仏分離令や関東大震災、第二次世界大戦、その後の区画整理等の影響を受け、消失や合祀を経たものもみられるが、日本橋や銀座、神田、麹町周辺においては、境内地が狭小、あるいは建築物に内包される「狭小神社」として、今なお残っている。

以上をふまえ、本章では都心に残された狭小神社のうち、東京都中央区を例に、その来歴や継承のあり方について述べる。

なお、本書では、以下の条件を満たすものを狭小神社として定義している。

①原則として、社寺の敷地内にある摂社・末社でないこと（境外社は可とする）
②独立した本殿を有すること
③境内地が狭小であり、人が集い祭事を行えるような空間（空地）を持たないこと
④神社の社殿が独立した建物としてでなく、ビルや戸建ての一部として存在しているもの

中央区における狭小神社の来歴

中央区には、全五〇社の狭小神社が立地し（二〇一八年時点）、このうち八割を占める四〇社が稲荷社である（表5－1）。来歴をみると、創建が江戸時代（一六〇三年）以前のものが二四社と約半分、不明・不詳のものについても、多くは江戸時代の度重なる大火や関東大震災などにより由緒がわからなくなったためであり、江戸時代以前に創建された可能性が高い。これらが現在のように狭小となったプロセスには、「地域の鎮守が規模を縮小させた神社」「武家等の屋敷神を地元で信仰するようになった神社」「元来小規模であった神社」のように様々である。

以降、それぞれの具体例を挙げて紹介する。

地域の鎮守が規模を縮小させた神社

初音森神社（隅田川を挟み、中央区・墨田区の両区に鎮座）〔表5－1・21〕

旧馬喰町の鎮守であり、境内御由緒によると、鎌倉時代末期の元弘年間に、現在の儀式殿

表5−1　中央区の狭小神社一覧

神社名	創建年（最終再建年）	神社名	創建年（最終再建年）
1. 松島神社	1321頃（1994）	26. 玉尾稲荷	不明（1936）
2. 橘稲荷神社	江戸期（1990）	27. 於満稲荷神社	1655-1673頃
3. 日比谷稲荷神社	1457（2009）	28. 両社稲荷神社	不明（2017）
4. 茶ノ木神社	不明（2008）	29. 純子稲荷神社	1737（1973）
5. 笠間出世稲荷神社 別社明治座分社	1873頃（1993）	30. 大廣神社	不明（1952）
6. 矢ノ庫稲荷神社	1698以降（2011）	31. 福田稲荷神社	711（2006）
7. 宝珠稲荷神社	1615頃（1950）	32. 新富稲荷神社	不明（1872）
8. 出世稲荷神社	1617（1931）	33. 高尾稲荷神社	1659（1976）
9. 鳥居稲荷神社	1717頃（1977）	34. 永久稲荷神社	1850以前（不明）
10. 大原稲荷神社	江戸末期（1990）	35. 常盤稲荷神社	1457（関東大震災後）
11. 元徳稲荷神社 綱敷天満神社	江戸初期（不明）	36. 池洲稲荷神社	江戸期（1957）
12. 宝童稲荷神社	江戸中期（2016）	37. 家内喜稲荷神社	不明（不明）
13. 明星稲荷神社	江戸初期（2013）	38. 白幡稲荷神社	711（1976）
14. 今村幸稲荷神社	不明（不明）	39. 徳船稲荷神社	江戸期（1993）
15. 柏山稲荷神社	1892以降	40. 三光稲荷神社	1689以前（1964）
16. 森稲荷神社	1645（不明）	41. 渡海稲荷神社	1704（1952）
17. 千代田神社	1457-1461頃（1958）	42. 大栄稲荷神社	1768（戦後）
18. 宝田恵比寿神社	江戸以前（昭和初期）	43. 成功稲荷神社	1927（2013）
19. 朝日稲荷神社	江戸以前（1983）	44. 川上稲荷神社	1628（1981）
20. 豊岩稲荷神社	江戸以前（1993）	45. 歌舞伎稲荷神社	1930以降（2013）
21. 初音森神社	1330頃（1973）	46. 靍護稲荷大明神	1815（2017）
22. 八官神社	1688-1704頃（1982）	47. 銀座出世地蔵尊	明治期（1968）
23. あづま稲荷大明神	関東大震災後	48. 龍光不動尊	1921
24. 幸稲荷神社	江戸期（2014）	49. 槇三伏見稲荷神社	1818-1830頃
25. 久松稲荷神社	不明（不明）	50. 八丁堀天祖神社	1624（不明）

のあたりに創建され、周辺にはクスノキが生い茂る初音の森が広がっていたとされる。その後、徳川家の江戸入府後の開拓に伴い境内地が縮小、さらには明暦の大火（一六五七年）を受けて現在の墨田区に遷宮したが、第二次世界大戦後の一九五〇年に元の氏子地域に社殿を構えるに至った。現在は、一九七三年に建てられた鉄骨鉄筋コンクリート造地上一三階建てのビルの二階に鎮座している。

大原稲荷神社［表5－1・10］

境内由緒書によると、創建年代は不詳ながらも、古くより運河の要衝の地にあったことから、手厚く信仰されていたと伝わっている。かつては大きな境内地であったが、関東大震災後の区画整理事業や第二次世界大戦後の戦災復興、周辺開発などを経て縮小し、現在に至っている。

朝日稲荷神社（写真5－1）［表5－1・19］

境内由緒書によると、古来より鎮座し、守護神として崇敬を集めていたと伝わっている。しかし、安政の大地震（一八五五年）により社殿が倒壊、大正の大海嘯《かいしょう》（一九一七年）など度重なる災禍を受け、ついには関東大震災の区画整理事業により転地を余儀なくされた。新たな社殿も戦災で焼失したが、戦後社殿を再建、新たに宗教法人を設立し、町内会で厚く奉斎している。その後、一九八三年に当地にビルを建設するにあたり、神社をビルと一体化させることが提案された。具体的には、拝殿を地上部、本殿を屋上に安置し、拝殿での祈りが本殿に届くよう、両者をパイプで結ぶという工夫がなされている。同様の工夫は八官神社［表5－1・22］でもなされており、ビルが密集する銀座ならではの神社継承のあり方として注目される。

武家等の屋敷神を地元で信仰するようになった神社

茶ノ木神社［表5－1・4］

境内由緒書によると、下総佐倉藩大名や幕

写真5－1　朝日稲荷神社の地上部拝殿

府大老を務めた堀田家の中屋敷地の守護神として祀られたものが由来となっている。社殿の周囲に茶の木が植え込まれていたことにより、社号や愛称がつけられた。周辺一帯で火事が起こらなかったため火除けの神として地域で親しまれていた。明治維新後に屋敷が廃された後も、管理母体を変えながら継続して信仰されている。なお、一九六〇年以降、都市開発事業により一旦社殿は解体、他所に遷座されたが、二〇〇八年に旧社殿が再建された。

橘稲荷神社［表5－1・2］

境内由緒書によると、当初御殿山《ごてんやま》（品川区）にあった神社が江戸城内へ移り、さらに将軍家御典医岡本玄冶に下賜されたのが由来とされている。社名は岡本玄冶の元姓の橘に因んでおり、数百年にわたり、地域の素朴な信仰の対象となっていた。近代以降も、町のお稲荷さんとして親しまれ現在に至っている。なお、社殿は幸いにして震災・戦災の難を逃れたものの、老朽化により一九九〇年に再建されている。

徳船稲荷神社（写真5－2）［表5－1・39］

亀島川と隅田川の合流地点、南高橋のほとりに鎮座する神社である。境内由緒書によると、元は越前松平家の下屋敷にある小さな稲荷であったが、明暦の振袖火事（一六五七年）

を逃れる際に、恵比須稲荷に一九二二年まで安置された。御神体は、関東大震災時も救出され、隅田川畔に社を復活し町の守護神として鎮座したが、戦災で全焼した。一九五四年、同所に再建のあと、一九九一年の中央大橋架橋工事の際に遷座され、現在に至っている。

元来小規模であった神社

元来小規模であった神社の多くは、江戸時代の町人地に勧請されたものである。そのため、地元の信仰も大変厚く、周辺開発が進んだ昨今においても、可能な限り元の形で残そうという意向が強く表れており、ビル街に埋もれても参詣ができるよう工夫されている。

写真5－2　徳船稲荷神社

豊岩稲荷神社（写真5－3）［表5－1・20］

ビル街の路地にある大変小規模な神社であり、ビルの廊下を通っていく経路もある。境内由緒書によると、江戸初期に明智光秀の家臣安田作兵衛により祀られて以降、現在地に鎮座し、大正から昭和にかけ歌舞伎の名優市村羽左衛門の崇敬が厚かったことにより、歌舞伎役者等芸能関係者が訪れることで知られる。現在の社殿は一九九三年に再建された。

写真5－3　豊岩稲荷神社に続く路地

於満《おまん》稲荷神社［表5－1・27］

八重洲通り沿いのビル街にたたずむ神社であり、境内由緒書によると、かつて幕府の休憩所があったと伝わっている。徳川家康の側室だったお万の方御一行が、神仏寄進のためにこの日本橋付近に物資調達に来たことで周辺の商業発展に貢献されたことにあやかり、商人たちによって建立された。以降、関東大震災にも耐え、この地で信仰され続けている。

狭小神社から広がるまちづくり

震災、戦災などに伴う焼失や都市開発等による合祀や廃社など、これまでに都心の狭小神社継承の道のりは容易ではなかった。しかし、近年の再開発において、狭小神社がまちづくりを進めるうえで重要な地域資源として注目されている。

宝童《ほうどう》稲荷神社［表5―1・12］

宝童稲荷神社は、前出の豊岩稲荷神社と同じように、ビル街の路地にたたずむ神社である。境内由緒書によると、江戸時代より、江戸城に勧請して子育て稲荷として厚く信仰された経緯から、多くの神社がビルの内部や屋上に再建される銀座において、今なお地階にあり、大切に管理されている。とはいえ、ビル街の路地にあるため、その存在に気付かない人も多い。そこで、二〇一六年に彫刻家のアート作品を用いた参道がつくられた。これは、ビルの敷地に面するレンガ通りや宝童稲荷神社を地域資源として、「猿結《えんむすぶ》参道」というコンセプトのもと、愛嬌のある三匹（親一匹と二匹の子）の猿が参拝者を誘うものである。ビルの敷地に参道を設け、まちの要素をビルに取り入れたことで、地域との一体感が創出されている。

福徳神社（写真5−4）

現存する狭小神社には、先に示したもの（123ページ、表5−1）があるが、かつての鎮守が狭小神社となり、その後まちづくりにより復活した福徳神社のような事例もある。

福徳神社（芽吹稲荷）は、平安初期の貞観年間（八五九〜八七七年）には既に鎮座したといわれ、中世末期までは福徳村の鎮守として信仰を集め、「稲荷の森」と呼ばれる森が広がるほどに広大な敷地であったと伝えられている。徳川家康の江戸入府以降は、将軍家より「芽吹稲荷」の名を付けられ崇敬された一方で、周辺一帯は徐々に商業地として開発され、これに伴い福徳神社も境内地の縮小や遷座が繰り返されることとなった。江戸時代後期には、かなり小規模なものとなっている。その後、明治期の神仏分離を経て、「福徳神社」に改称された。昭和期には戦後の区画整理に伴い、ビルの屋上に小さな祠のみが祀られたが、後に、日本橋室町東地区再開発に際し、不動産ディベロッパーと地元との協議において、地域のまちづくりの中心に伝統ある福徳神社の再建が据えられた。二〇一四年には新社殿の竣工とともに、境内地と一体になった福徳の森が誕生した。

以上のように、近年では、都心のまちづくりのコンセプトを考える際に、狭小神社の復興が掲げられる例も増えてきている。昭和期までは、土地利用の改変に伴う氏子の喪失や地価の高騰により狭小神社自体の継承が危ぶまれてきたが、今後、都心の再開発が進行するなかで地域の歴史を見守ってきた存在として期待が寄せられている。狭小神社のあり方は、集落と信仰をつなげてきた従来の神社とは異なる、新たな継承の道を示しているのかもしれない。

写真5－4　2018年の福徳神社

第6章

大阪市街路に残された聖なる路傍樹

上甫木昭春・上田萌子

まちを歩いていると、路上に立つ巨木が創り出す摩訶不思議な空間に巡り合うことがある。整然と並んだ街路樹ではなく、注連縄や祠で祀られている聖なる樹木「路傍樹」である。路傍樹は、道路が整備されたことによって、もともとそこにあった樹木が取り残されたものである。通常は交通性能を重視するために伐採されるのだが、巳《み》さん（白蛇）伝説や伐ると祟りがあるといった伝承、注連縄や祠があったことなどが、残された理由のようだ。大阪市内の路傍樹は、二〇〇一年の調査では二三本確認され、二〇二一年時点においては、一八本が存続している。

路傍樹が創り出す風景

まず、大阪市の歴史そのものを受け継ぐ路傍樹が創出している風景をみてみよう。

秀吉を祀る天下茶屋《てんがちゃや》跡に、高さ約一五メートルのクスノキの大木があり、土地のシンボルとして残され、路上に大きな枝を拡げている。この辺りは、かつて「わび茶」を完成させた武野紹鷗《たけのじょうおう》の森といわれていたが、この路傍樹は当時のイメージを今にわずかに伝えている。二〇二〇年頃に史跡の隣の土地を市が買い取り、新たに「天下茶屋史跡公園」が整備された（写真6－1）。ここで天下茶屋に因んで催される「野点《のだて》」は、地域固有の賑わいを創出している。

大手前の幹線道路に、高さ約一八メートルの大木であるクスノキ（134ページ、写真6－2）がある。この辺りは、日本最初の化

写真6－1　クスノキと天下茶屋史跡公園

学を学ぶ場であった舎密《せいみ》局跡（〝舎密〟とはオランダ語の理・化学を意味する）で、クスノキの大木と根元付近に設置された石碑や銅像などから往古が偲ばれる。周辺の豪壮なビルが林立しているなかにあっても、圧倒的な迫力をもっている。歩車道境界部に位置し、広幅員の歩道空間も大きく迂回しており、通りがかりの人々にその存在感を誇示しているかのようである。

長柄東《ながらひがし》に、千二百年前の鶯《うぐいす》と姫とのうるわしい伝説をもつ鶯塚とムクノキがある。戦後の道路整備で道路中央に残ることになった時、地域の有力者は市当局からのムクノキ伐採の申し入れを断ったという。その後、淀川リバーサイド住宅計画時に、再度伐採の危機に遭うも地域住民の反対で歩道空間に残され

写真６－２　舎密局跡のクスノキ

た。大正時代から続く保存会では、地域の新旧住民に関心をもってもらうため、保存会への参加の呼びかけや、ホームページの立ち上げなど、地域のコミュニティの拠点としての取り組みを進めている。毎年八月には地蔵盆が開催され、山伏による護摩焚きが行われるなど、地域の伝統的な行事を今に伝えている(口絵3)。

阿倍野区松虫通には、謡曲「松虫」で親しまれている松虫塚とそこに立つエノキがあった。昭和四十年代後半、松虫塚の南半分が道路計画で削り取られそうになり、保存を望む地域住民と市当局との話し合いが重ねられた。その結果、松虫塚の反対歩道と中央分離帯を縮めることにより、塚の前後一〇〇メートルにわたって車道を南側に迂回させ松虫塚

写真6－3　道路線形の変更で残った松虫塚とエノキ（左端）

とエノキは保存された（135ページ、写真6－3）。当時の土木技術者は「道路と古来の文化遺産である松虫塚の調和が十二分に図られ、大きな喜びを感じている」と述懐している。歴史的資源との共生を図った道路計画の好事例といえるだろう。しかし、残念ながら台風で樹木が倒れ、二〇二一年現在は切り株のみが残されている。

以上のように、大阪の史跡と一体となった路傍樹は、生育環境としては不安定な道路空間に位置しながらも、その場に刻み込まれた大阪の歴史を、その場を動くことなく懸命に後世に伝えている生き証人であるといえる。

次に、神社の境内地から切り離された路傍樹をみてみよう。

太融寺《たいゆうじ》から切り離された高さ約一四メートルのイチョウ（写真6－4）は、龍王大神として祀られ、現在も道行く人が手を合わす姿をみかける。昭和三十年代中頃まで、地域の人々が集まり盆踊りを行う風景もみられたという。日常的な掃除、供花、供物などは、自発的なボランティアが個々に担っているらしい。掃除をしていた婦人は、前にやっていた人から掃除の世話役を直接頼まれたという。高齢でそろそろ次に担ってくれる人を探さねばと、人から人へとこの場を管理、継承していく困難さを語ってくれた。

谷町七丁目にある楠木大神と呼ばれる路傍樹（口絵4）は、楠木寺と呼ばれていた本照寺から昭和十年代に切り離され、クスノキはすでに枯死し、現在は高さ約八メートルのクヌギが道路中央に鎮座している。この木に祈ったらレストラン開店に成功した話や疣《いぼ》が治ってお礼歌をプレゼントした話など、近くに住む住民が実話を聞かせてくれた。

以上の境内地から切り離された路傍樹は、いずれも地域の人々の心の拠り所となっており、地域のシンボルとして支持されていることがわかる。

最後に、個人の庭から切り離された路傍樹をみてみよう。

東住吉区北田辺の市道に、道路建設に伴っ

写真６－４　太融寺から切り離されたイチョウ（龍王大神）

て立ち退いた民家の庭にあった高さ約一六メートル、幹周り三メートルを超えるクスノキの大木が残った（写真6−5）。当初は公園への移植が計画されていたが、住民有志の会により五五〇〇人にのぼる署名とともに現地保存が要望され、路傍樹側の歩道を拡げ反対側の歩道を狭める道路線形の変更もなされた。その結果、現在のように街路樹の中でひときわ目立つ親分のような存在として残った。

写真6−5　民家の庭にあったクスノキ

個人の庭から切り離された路傍樹をみると、街路景観を構成する要素としてうまく取り込まれ、新たな役割が与えられた路傍樹もある。その一方で、まちなかの小さな工場の出入口近くの路上にある高さ一二メートルのムクノキなど、通行障害や落葉・剪定などの管理が負担になっている路傍樹もある。できれば伐りたいが祟りを恐れてかろうじて存続しているのである。

路傍樹の存続状況と保全意識

二〇〇一年に存在していた路傍樹の有無を二〇二一年に確認した結果、五地点で樹木が撤去されていた。撤去理由は、台風による倒木が一地点、災害や枯死による倒木の危険性が二地点、管理者の高齢化および都市開発の影響が一地点、交通障害が一地点となっていた。

現在の路傍樹における主な利用行動として、参拝と伝統行事の実施状況をみると、参拝は、樹木が残存する一八地点中一五地点で確認された。また、樹木が枯死していた二地点でも、枯死木に注連縄が施され、参拝が行われていた。伝統行事は七地点で実施されており、樹木が撤去された一地点以外では二〇〇一年の調査以後も引き続き行われていた。伝統行事の内容は、お祓いや護摩焚き、地蔵盆等であった。これらのことから、現在も一部の路傍樹が地域住民にとって伝統行事と結びついた文化的な信仰対象であることがわかる。

また、二〇〇一年に実施した居住者の意識調査では、約七割以上が路傍樹を「保存したい」「できるなら保存したい」と回答していたが、管理に対する参加意向をみると、「積極的に参加したい」との回答は二割弱で、担い手の確保が課題となっていた。一方、認知度と保全意識との関係をみると、路傍樹をよく知っている人ほど保全に対する意識が高く、管理に対する参加意向も強かった。したがって、路傍樹に対する認知度を高めることで保全や管理への意識を高める必要があり、それにより路傍樹の文化的価値も継承されていくと考えられる。

路傍樹の管理状況

路傍樹の管理者は、地元住民・地域組織・行政・社寺・参拝者に分けられた。二〇二一年の調査では、地元住民、地域組織で過半数を占めたことから、路傍樹は地域に根付いた存在であることが再確認された。一方、二十年前からの管理者件数の変化をみると、地元住民管理が一三件から七件に減少し、行政や社寺へ移行していた（図6－1）。この結果より、二〇〇一年と比較すると、路傍樹と地域住民の関係性が薄れてきている現状を読み取ることができる。以下に、管理者別の管理状況を記す。

地元住民管理は、樹木が残存する一八地点中七地点で行われていた。また、撤去された五地点中三地点が地元住民管理であり、地元住民管理の厳しい現状が窺えた。七地点中三地点で前回から管理者が変わっておらず、高齢化が進行しており、継承者不在や管理労力の負担の大きさ等の問題点が明らかになった。また、剪定費や供物の費用、路傍樹に付属する祠や鳥居の更新費用などをすべて地元住民が負担している現状があり、費用面でも不安がみられた。地元住民管理の中でも、個人管理の場合と複数人での管理の場合があり、個人管理の地点では費用や労力の負担の大きさがより一層深刻であった。

地元住民管理の今後の対策として、費用や労力面の負担を減らすために、まずは普及啓発により現状の管理者以外の地元住民と路傍樹との接点を増やし、寄付を募るなどして組織化を図ることが必要と考えられる。

地域組織管理は、樹木が残存する一八地点中四地点で行われていた。そのうち三地点が史跡となっており、伝統行事が運営されていた。現状の四地点は二〇〇一年の調査時点でも地域組織管理であった。新規の地域組織の立ち上げがないことが問題であり、既存の地域組織においても人手不足や高齢化が進行し、運営難や組織の存続自体に危機が及んでいることが確認できた。

地域組織管理の今後の対策として、伝統行事による

図6−1　路傍樹の管理者の変化

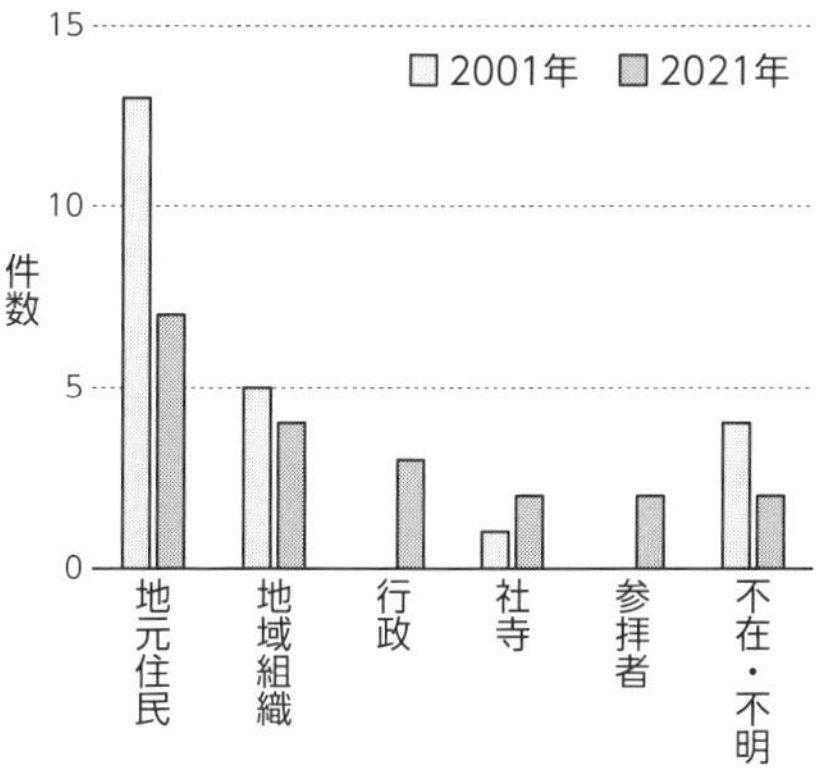

若者との接点や史跡による土地自体の価値などの有用な条件を活かしていく視点が重要になるだろう。担い手を広げるために、たとえば地域の中心的な行事に路傍樹の伝統行事を組み込むことや、行政と連携して公共の財産にする検討も必要ではないだろうか。そのためにも公的な保全による価値の普及が必要といえる。また、史跡となっている点を活かし、行政の文化財セクションからの働きかけなども有用であると考えられる。たとえば、「天下茶屋跡」に立地する路傍樹では、先述した通り史跡隣の土地を市が買い取り、新たに「天下茶屋史跡公園」が設置されている。行政が費用を負担する形で月一回の掃除を地域組織が担い、公園で行われる伝統行事である「野点」は、地域組織が費用を負担する形で四〇〇人程度が集まる一大イベントとなっている好事例といえる。

路傍樹の生育状況

近年、都市に生育する樹木は、経年的な成長や植栽基盤の劣化・生育条件の変化により、大径木化《たいけいぼく》や病虫害による生育不良、根上がりや倒木等の諸問題を抱えており、路傍樹に関しても例外ではない。二〇二一年の調査から、根上がり（一四件）、強剪定（一〇件）、枝枯れ（七件）、空洞（七件）、葉の異常（七件）、主幹の傾き（六件）といった樹木の異常状態が確認された。根上がり、強剪定は過半数の地点でみられ、植栽基盤面積の狭さなど路傍樹の立地条件や生育環境、落葉落枝の負担などの管理状況の厳しさが起因していると考えられる（写真6－6）。

一方、単独の樹木を保全するための現状の公的制度として「保存樹」制度があり、幹回り・樹高・枝葉面積に関して指定基準が設けられている。路傍樹の生育状況を大阪市の「保存樹」の指定基準と比較してみると、高さが一五メートル以上ある路傍樹は七地点、枝葉の面積が三〇平方メートル以上の路傍樹が一五地点、幹回りが一メートル五〇センチメートル以上の路傍樹は一七地点あり、一七地点でいずれかの基準を満たしていることがわかった。しかし、指定基準を満たしながら

写真6－6　強剪定された路傍樹

も、路傍樹は一件も指定されておらず、道路上に位置する特性上、公的な保全は現状の制度では難しいといった行政の路傍樹に対する見解も明らかになった。また、制度自体にも普及啓発が少ない現状や指定された樹木全体に助成が行きわたっていないなどの課題が明らかになり、改善の余地がみられた。

路傍樹が地域の風景創出に語りかけているもの

路傍樹の成立の経過をみると、整形的（直線的、幾何学的）な道路計画が、その結果として路傍樹を誕生させたともいえる。路傍樹は自ら動くことができない存在であり、否応なく直線的な道路計画の障害となり、それを排除しようとした人に様々な災いをもたらし、その結果神聖な存在として崇められることになったのである。

このような状況をみると、近代的な道路計画の計画思想を、画一的な効率性や経済性だけではなく、その場の固有な地歴に耳を傾けながら計画する方向へ見直す必要があるのではないかという考えを抱かざるを得ない。松虫塚や北田辺の事例では整備段階での好事例といえるが、これからは計画段階から地域資源への配慮がなされるべきであるとともに、継承方法の検討が課題になっていると思われる。

大阪市内の路傍樹が健全に存続するには、史跡、伝説、由来といった固有の意味をもっていること、路傍樹とそれと一体となった場をお世話する人々の存在が必要であることがわかった。路傍樹を含む風景は、その場の生活や歴史に立脚した文化景観なのだ。だから、その風景を継承していくためには、路傍樹の背景を知り、それを維持する人を育てていくことが大切であるといえる。

また、路傍樹の今後の保全策として、立地条件や生育環境の制約のなかで、最大限の助成を受けるためにも現状の「保存樹」制度の活用が課題であると考えられる。行政の見解として、道路上に位置する樹木を公的に保全するのは現状難しいとされていたが、路傍樹を独自の「シンボル樹木」制度により公的保全している事例（札幌市）もあり、今後の取り組みが期待される。

大阪市内に残る路傍樹を探索すると、そこから地域の様々な歴史が垣間見え、今もなおそれを拠り所とする精神的な豊かさに触れることができる。一本の路傍樹は、その場の歴史を後世に語り継ぐ生き証人であり、地域の情報発信基地でもある。「親」という漢字のように静かに佇んでまちを見守っている路傍樹を、後世に健全な姿で残していきたいものである。

コラム③ 太政官布達第一六号と公園の誕生 （押田佳子）

日本における「公園」のはじまりは、幕末の開国後に、日本に住む外国人が生活環境改善を求め、「東遊園地（神戸市）」「彼我《ひが》公園（横浜市、現・横浜公園）」が作られたことに端を発する。これらはあくまでも外国人専用であった。一方、かつて一般庶民が自由に出入りできた寺社地は新政府の管轄となったことで立ち入れなくなり、行楽地不足に伴う不満が生じた。こうした内外の不満を解消する手段として、欧米のParkを真似た公園の誕生に至った。

この「公園」という用語の公式文書での初見は、明治六（一八七三）年一月十五日に公布された「太政官布達（布告）第一六号　人民輻湊《ふくそう》ノ地ニ公園ヲ設ルヲ以テ地所ヲ選擇稟候セシム」である。本文（原文）を要約すると、「三府（東京、大阪、京都）をはじめとする人口が多い都市にある、旧来の景勝地や旧跡など人が多く集まる場所を、長く万人が楽しめる地として『公園』に制定するため、府県は場所を選定、図面を添付して大蔵省へ申請するように」というものである。

これを受け、日本初の公園として東京府では上野、芝、飛鳥山、浅草（左ページの写真参照）、深川の五カ所が指定され、全国においても明治二〇（一八八七）年までに八四カ所が太政官布達公園として指定された。以上のように、太政官布達第一六号が果たした役割は、法律的用語としての「公園」と「公園の整備」を行政が行うことが明文化されたことにある。

　この太政官布達第一六号は、昭和三十一（一九五六）年に「都市公園法」が制定されるまでの八十年余りの長きにわたり公園に関する法的効果を持ち続けただけでなく、現在も廃止されておらず、公園が官有地の設置が原則であり、また行政が計画、実施、管理を行うという根本的な体制は、現在まで継続されている。

浅草公園の展望塔・凌雲閣。日本で最も高い12階建ての建築物であった（1900年頃の絵葉書より転載）

　なお、太政官布達公園の多くは、江戸時代までの寺社や景勝地をそのまま転用したものであり、境内施設がそのまま残っているものも多く、また、当初は利用の仕方が十分に理解されず、曲解されて盛り場的活用になったものも少なくなかった。今日のように最初から公園として計画し整理されるのが一般的になったのは、戦災復興以降のことである。

コラム④ 政教分離政策と戦後の都市公園 （押田佳子）

「太政官布達第一六号と公園の誕生（146ページ、コラム③）」において、日本で最初に指定された太政官布達公園の多くが寺社の境内地であったことについて触れた。太政官布達公園は、用地を指定したに過ぎず、あらかじめ整備などはされていなかった。たとえば、東京府の芝公園の場合は、元は増上寺境内地であったため、指定時の公園用地内には、寺院や徳川の墓所がそのままある状況だった。とりわけ、明治元（一八六八）年の太政官布告（通称神仏分離令）発布を受け広がった、「廃仏毀釈」の波を受け、徳川家の菩提寺であった増上寺や寛永寺は、積極的な弾圧対象となった。以降、明治新政府は国家神道《しんとう》を進めていくこととなり、公園用地から仏教施設が排除された一方で、神社は残されるものも多く見られた。

明治新政府が進めた政策が覆されるのは、第二次世界大戦後に作られた「日本国憲法」における「政教分離の原則」において「国及びその機関は、宗教教育その他いかなる宗教的活動もしてはならない」（第二〇条三項）、「公金その他の公の財産は、宗教上の組織若しくは団体の使用、便益若しくは維持のため、又は公の支配に属しない慈善、教育若しくは博愛の事業に対し、これを支出し、又はその利用に供してはならない」(第八九条)と定められている。つまり、日本国憲法において、公的施設である公園に無償で土地を提供または貸し出すことは違反行為となる。そのため太政官布達公園では、寺社所有地を除却する必要が生じた。芝公園では、増上寺が寺院として活動する敷地を独立させ、宗教色のない都立公園として新たに遊具や運動施設などを設け、整備されたため、現在の芝公園の敷地は増上寺を取り囲むような形状になっている。しかしながら、公園指定の経緯にみられるように、自治体と信仰が全く関係をもたないことは難しく、芝公園のように公園用地と寺社が隣接、あるいは一見内包されているようにみえるものも少なくない。

加えて、二十一世紀になると、日本が観光立国へと舵を切ったことで、三重県伊勢市の神宮(伊勢神宮)のような日本を代表する寺社を観光資源と捉え、「政教連携」に乗り出す自治体もみられるようになった。自治体の公平性を担保しつつ、日本の伝統的な文化を保全するためには、公園のような「多様な機能」をもつ場において、懐《ふところ》の深い整備や維持管理の工夫が求められるのではないだろうか。

コラム⑤　都市緑地の保全制度　（上田萌子）

人々が健康的で文化的な生活を送るために、緑地はなくてはならない存在である。では、緑地を保全するためにはどのような施策があるのだろうか。ここでは、都市の良好な環境形成のための緑地保全に関する法律や、それに基づく行政計画、制度等を紹介する。

都市における緑地保全や緑化推進に関する制度を定めた法律として、「都市緑地法」がある。昭和四十年代以降より急激に進展しはじめた都市緑地の減少に対応するため、一九七三年に「都市緑地保全法」が制定され、二〇〇四年に大幅な改正を受け、現行の名称になった。緑地の保全及び緑化の推進に関する基本計画の策定、緑地保全地域の設定や行為規制、建ぺい率の高い地域における都市緑化の推進、民間による市民緑地の整備促進、緑の担い手となる民間主体を指定する制度の拡充などについて規定されている。なお、ここで扱う緑地は、樹林地、草地、水辺地、岩石地等で、農地も含む。

都市緑地法に基づいて策定される行政計画が、「緑の基本計画」である。これは、市町村が緑地の保全や緑化の推進に関して、その将来像、目標、施策などを定める基本計画で、都市公園の整備など都市計画に基づく事業だけでなく、公共施設や民有地の緑化、緑地保全や緑化に関わる普及啓発活動など、緑全般に関する幅広い内容を含んでいる。住民に身近な市町村が主体となって計画を策定することにより、地域の資源を活かしながら、独自性のある施策を推進することがねらいである。

この他に都市緑地法で定められた制度を簡単に紹介する（左ページの図、参照）。まず、緑地の保全に関しては以下のような制度がある。「緑地保全地域制度」は、里地・里山など都市近郊の比較的大規模な緑地において、比較的緩やかな行為の規制により、一定の土地利用との調和を図りながら保全する制度である。これに対して、「特別緑地保全地区制度」は、税金の優遇等により土地所有の負担を軽減する一方、建築行為など一定の行為の制限により現状を凍結的に保全するものである。また、「地区計画等緑地保全条例制度」は、地区計画制度等を活用して現状を凍結的に保全するもので、屋敷林や社寺林等、身近にある小規模な緑地が対象となる。この他に、特別緑地保全地区等の土地所有者と地方公共団体などが協定を結ぶことにより、土地所有者に代わって緑地の管理を行う「管理協定制度」や、土地や建築物等の所有者と地方公共団体などが契約し、緑地や緑化施設を公開する「市民緑地契約制度」などがある。

次に、緑化の推進に関する制度には以下のようなものがある。「緑化地域制度」は、緑が不足している市街地などにおいて、一定規模以上の建築物の新築や増築を行う場合に、敷地面積の一定割合以上の緑化を義務づけている。また、「緑地協定制度」では、土地所有者等の合意によって緑地の保全や緑化に関する協定が締結され、地域の環境・景観レベルの向上が図られる。「市民緑地認定制度」は、民間主体が市区町村長による設置管理計画の認定を受け、オープンアクセスの市民緑地を設置・管理するものである。

この他に、緑地の保全・緑化推進の取組支援として、ＮＰＯ法人やまちづくり会社などの団体がみどり法人として緑地の保全や緑化の推進を行う「緑地保全・緑化推進法人（みどり法人）制度」もある。

都市緑地の保全や緑化推進に関わる制度

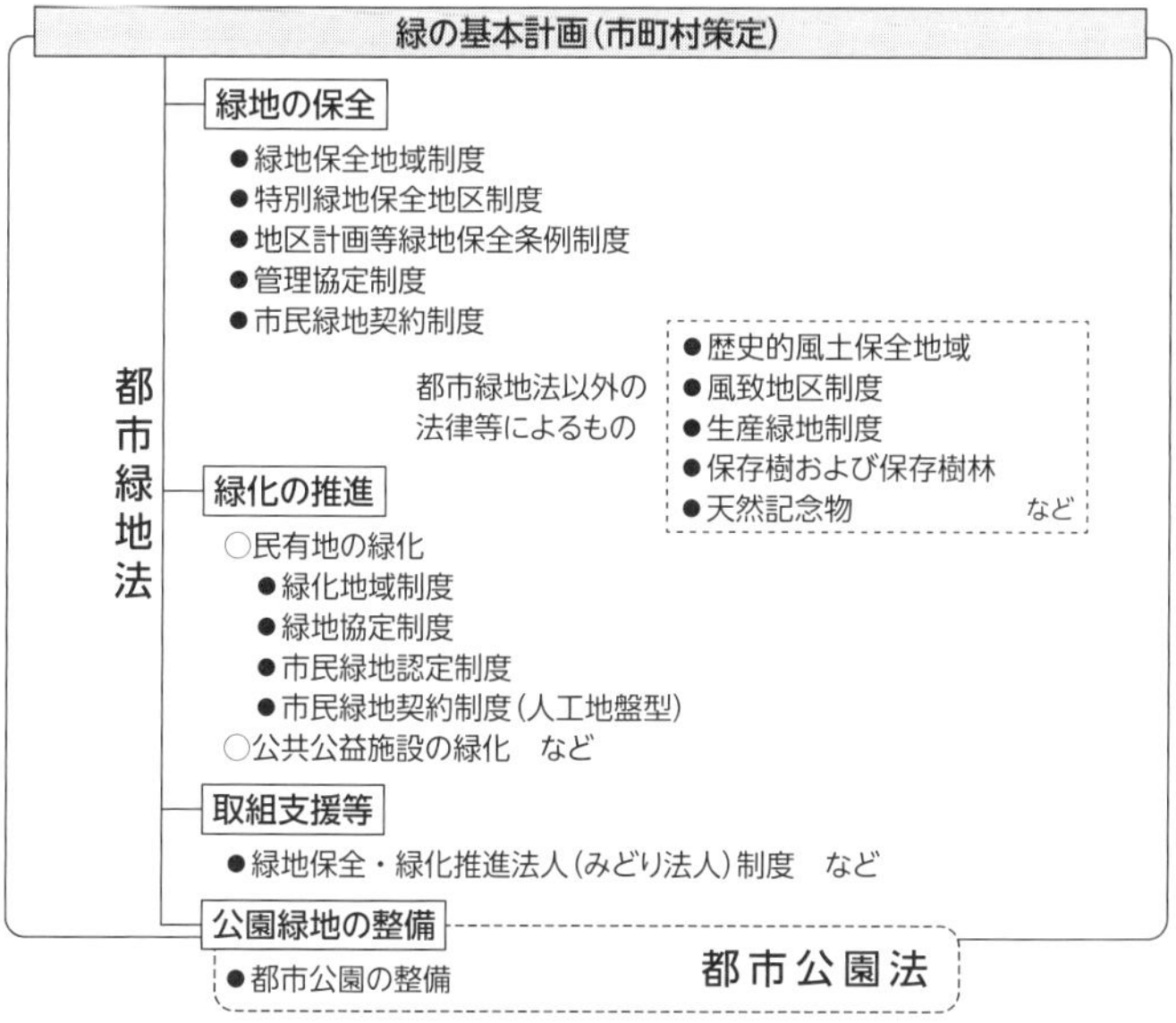

また、「都市緑地法」以外の法律等による制度として、「歴史的風土保全地域」「風致地区制度」「生産緑地制度」「保存樹および保存樹林」「天然記念物」などがある。以上のような様々な制度から各自治体の特性に応じたメニューを組み合わせ、緑地の保全や創出に向けた有力な施策を展開・実行することが望まれる。

第3部

現代社会における祭祀の場の役割

第7章

ニュータウン開発後にみる道祖神行事の興隆

松尾あずさ

東京都多摩市は、ニュータウン開発で道祖神場《せえのかみば》という境の神を祀り道祖神行事（塞《さえ》の神、賽《さい》の神、セエノカミ、セエトヤキ）をおこなう所を失《しっ》した。また、行事に利用する植物を供給する雑木山等も大半がなくなった。しかし、開発後は行事のかたちは変化したが道祖神行事は興隆をみている。これはなぜかということについて本章で探る。

道祖神は境の神の総称である。所により呼称は異なるが、日本各地にみられる。たとえば、秋田県では村境に鹿島様という巨大な藁人形が立てられる。これを道祖神とみなすこともある。あるいは、沖縄地方では、琉球王府の地誌『琉球国旧記』（一七三一）に「財神嶽久米邑《むら》東ニ在リ。又道祖神ト称ス」とある（伊波他、一九四二。筆者読み下し）。つまり、同県には十八世紀に道祖神を祀る御嶽があった。また、『那覇の民俗』によると久米の孔子廟《こうしびょう》の東に才ノ神《せーぬかん》とよばれる所と、才ノ神ヌヒラ（せえのかみの坂の意。ヒラは那覇方言で坂）があり、この坂は久茂地《くもじ》との境界である。孔子廟近くにはサイノ神を祀る祠があり、香が焚かれていたという（那覇市史編集委員会、一九七九）。

東京都多摩市ではニュータウン開発前には辻や集落の境に丸石、宝篋印塔《ほうきょういんとう》の一部、文字碑を祀り、これを道祖神としていた。かつてマスコミにより有名になった長野県安曇野《あづみの》市の双体道祖神像《そうたいどうそじんぞう》のような神像は、市域では南西部に一カ所のみであった。

多摩市の郷土史家・峰岸松三氏が開発前の様子を絵と文にして残した『落合名所図絵』によると、道祖神を祀る所を道祖神場とよんだという。そして、そこには正月に飾った門松、注連縄、古い神社札等が集められて一月十四日の晩に焚き上げられた（峰岸、一九八九）。

開発前の多摩市域では、講中《こうじゅう》（村落の内部区分）の家々から子どもたちが正月飾りや門松等を集め、雑木や竹等を利用して道祖神場に円錐《えんすい》形の小屋を造った。中には炉を設けて子どもたちが飲食をした。そして、一月十四日の夜に焚き上げて年神《としがみ》祭りの終わりとした。この行事を道祖神行事という。

『多摩町誌』によると、かつては道祖神行事をセエノカミ、セエトヤキとよんでいた。同書によると、この行事の火で焼いた団子を交換して食べると厄病にならないとか、その灰を庭木にかけると病害虫が付かないとか、燃えさしの木を入り口に立てると厄除けになる等といった。また、十五日の夕方に道祖神行事から持ち帰った燃えさしで柿の木を叩き「成るか成らぬか」「成ると申します」等と二人組で問答をする成木責《なりきぜ》めをおこなう家もあったという（多摩町誌編さん委員会、一九七〇）。「成木責め」は、柿の木に豊かな実りを誓わせるという意味をもつ。

このように、開発前の道祖神行事では、年神を送り、集落の人々の無病息災と豊饒を祈った。

多摩市では一九六〇年代半ば以降、国家的な事業であるニュータウン開発がおこなわれた。開発面積は市面積の六割以上を占める。開発では、おおまかにいうと雑木山は大規模集合住宅へ変わり、居住地は区画整理となった。そのため、道祖神場の周囲の田畑がなくなり正月飾り等を焚き上げるには難しくなった。加えて、雑木山や屋敷林等を失し、開発中に道祖神の文字碑や宝篋印塔は保管されたが道祖神として祀っていた丸石を失うなどした。つまり、道祖神行事を継承することが厳しくなったのだ。

しかし、多摩市域において、ニュータウン開発後、道祖神行事は盛んにおこなわれてきた。この軌跡について本章で紹介する。

なお、多摩市では、開発前は道祖神行事をセエノカミ、セエトヤキとよんでいたが、後述するように、開発後は「ドンドヤキ」の呼称が普及した。本章では混乱を避けるために資料文中の記載を除いて、「道祖神行事」と記すこととする。

急激な都市化と道祖神行事

多摩市の急激な都市化を示す資料として「多摩町を市とする処分申請書（抄）」がある。これによると、開発が本格化する前の一九六〇年の国勢調査では人口は約一万八〇〇〇人であった。一九七〇年の国勢調査では約三万三〇〇〇人となった。さらに、一九七一年三月に始まる多摩ニュータウン開発第一次入居開始により新たに約二万七〇〇〇人の転入が見込まれた。このような状況により、同年十一月一日に市制施行となった（多摩市史編集委員会、一九九八）。

「ニュータウン」の捉え方は様々である。たとえば「かつて雑木山であった所に建てられた大規模な集合住宅群がニュータウンである」と言う人もいる。しかし、本章では金子淳が『ニュータウンの社会史』で唱えた、公的なセクターが主体となり、新住宅市街地開発法や土地区画整理法等の法的根拠に基づいてある程度の開発規模を有する「狭義のニュータウン」を指すこととする（金子、二〇一七）。

さて、多摩市には、多摩市青少年問題協議会（以下、青少協と記す）といい、「地方青少年問題協議会法」（一九五三年）により首長の付属機関として設置された組織がある。青少協にはその構成組織として小学校か中学校単位に二〇二〇年十二月現在一五の地区委員会がある。

青少協は、広報紙『多摩のこども』を、ニュータウン開発に伴う第一次入居が始まった後の一九七三年三月に創刊した。発行は現在も続いている。

創刊号を見ると、ニュータウン第一次入居の大規模集合住宅地の地区委員会からは児童公園等への設置遊具の検討や関係機関との交渉の報告がある。また、既存地区の地区委員会からは、同地区内の交通安全や、危険地区点検に関する報告がある（青少協、一九七三）。共に児童や生徒の学校外のハード面の充実や安全確保への取り組みである。

『多摩のこども』を追って見ていくと、青少協の活動はやがて学校外の子どもの遊びというソフト面の充実へ軸足を移していくことがわかる。

同紙二号では、当市は一人っ子が多く、青少協の調査によれば小学校低学年では七一パーセントが、高学年では四四パーセントが一人遊びをしていることが判明した。しかし、子どもは遊びから社会性を得るから友達と遊ばせる工夫が必要だとした。そして、二つの地区委員会からラジオ体操、映画会、花火大会、凧揚《たこあ》げ大会といった長期休暇中に人々が集う行事開催の記事を載せた。その後は夏季休暇中の行事として、プールやラジオ体操、キャンプ等もみられる（青少協、一九七三〜一九七五）。

一方、冬期休暇中の各地区委員会は、凧揚げ大会（二地区委員会）、クリスマス会、竹馬・羽根つき・独楽《こま》回し大会、親子お正月遊び大会〈凧揚げ、独楽回し、羽根つき、竹馬作り、多摩はやし連による獅子舞の披露〉、と次第に昔ながらの遊びに地区の人々が集い、取り組むことも増えた。やがて「連光寺地区のドンド焼」という写真が掲載されるようになる（青少協、一九七四・一九七五）。

知る限りでは、これが多摩市の道祖神行事を「ドンドヤキ」とよんだ『多摩のこども』における初見である。同紙は市報『たま広報』に折り込まれ各戸に配付される。年末に発行される『多摩のこども』では、道祖神行事を告知する際に以降、この呼称が用いられ市域に広まり現在に至る。

一九七六年には「昭和五十一年度多摩市青少年問題協議会基本方針」が定められ、その冒頭では、次のように記されている。

「多摩市は昭和三十五年頃から開発が進み、人口が急激に増加してきた。特に多摩ニュータウン入居開始後は、農村から都市へと町の形態は大きく変わってきた。それと同時に人の心も変わって、『郷土を愛する心』『地域社会を大切にする心』がうすれ、『隣は何をする人ぞ』と割り切った考えが目立つようになってきた」（青少協、一九七六）

つまり、青少協は、開発に伴う急激な都市化と地域社会への無関心を危惧《きぐ》した。その後、一一号には「郷土愛を育てるために」という見出しで、市教育委員会研究奨励校三校の「ふるさとづくり」の活動内容と、次の「ドンド焼に取り組む連光寺地区委員会」という見出しの記事が掲載された。

「サイノ神（村の入口を護る神）の小屋を作り、それをもやすことは『ドンド焼き』といわれています。

『サイノ神』の火で、だんごを焼き、これを交換しあって食べれば、厄病にかからないとか、書きぞめの燃えさしが、空高く舞い上がると、手があがる（じょうずになる）ともいわれてきました。灰を庭木にかければ、害虫はつかず、病気にかからないとか

（『多摩町誌』による）。

昔の人びとはこのような楽しいお正月の行事を通して、地域の人びとと結びつながり合い、親しみ愛し合い、たがいに自分たちの幸せな生活と地域の発展を願っていたものと考えられます。

わたしたちは、そのような素晴らしい伝統的なお正月行事を復活し、毎年一月十五日

にドンド焼きを行っています」（青少協、一九七七。一部表記を修正した）

このように、道祖神行事の由来を示すと共に、この行事はかつてのセエノカミの行事のように、正月に地域の人々が交わり、繋がりを確認し、繁栄を願うものである。そして、この行事を講中という村落の内部区分より広い範囲である青少協地区委員会という小学校や中学校区の児童・生徒を対象として実施したのである。

一九九〇年には「座談会・どんど焼きを通して地域のつながりを考える」が市教育委員会により開かれた。その記録には出席した各地区委員会から次のような発言がみられる。以下、文末のカッコ内は、発言をした地区委員会名を示す。

・日頃から互いに接する地区内の福祉施設へ招待状を出し、交流を図っている（第二）。
・行事をおこなったことで、地域への関心を深められる（東寺方）。
・昔のやり方で繭《まゆ》団子を作りそれを当日飾ったところ高齢者に喜ばれた。高齢者にも地区委員会活動に関わっていただくことはよいと思う（東寺方）。
・当地区は既存地区とニュータウン地区が混在しているが、賽ノ神《さいのかみ》を立てると地域の人たちが注連飾りや書き初めを持ってくる（連光寺・聖ヶ丘）。

・高齢者に繭玉や賽ノ神の作り方、縄の結び方も教えていただいている（連光寺・聖ヶ丘）。
・点火時に大人も子どもも一緒に声をあげることは良いことである（豊ヶ丘）。
・当地区は団地が主で親も全国から集まっているので、継承できるものとして行事をおこなった。正月飾りをゴミ箱に捨てる気にはなれない（南永山）。
（多摩市青少年委員の会議、一九九〇）

このように、道祖神行事が地区内における平素のコミュニケーション不足を補う機会となるとみている。そして、「正月飾りをどうするか」という多くの人々にとっての関心事をこの行事で解消できるため、全国から転入してきた人々が暮らすニュータウンの団地の地区委員会でもこの行事に取り組んでいることがわかる。道祖神行事には地域に暮らす人々が世代や出身地等の違いを超えて縁を紡《つむ》いでいく紐帯として機能することが期待された。

表7－1は、『多摩のこども』で初めて道祖神行事が紹介された一九七六年以降、新型コロナウイルス感染拡大防止に伴い自粛となった二〇二一年までの間における道祖神行事実施数を算出したものである。全地区委員会数は、ニュータウン開発による新設と、その後の学校の統廃合等により変化している。

表7-1　『多摩のこども』にみる道祖神行事の実施数

和暦	年	西暦	全地区委員会数(1月)	ドンドヤキを開催した地区委員会数	『多摩のこども』掲載号数	発行年月日
昭和	51	1976	6	1	8	1976/ 3/15
	52	1977	8	1	11	1977/ 3/16
	53	1978	9	ドンドヤキ実施に関する掲載記事なし		
	54	1979	10			
	55	1980	10			
	56	1981	11			
	57	1982	12			
	58	1983	12	2	28,29	1983/ 2/28, 1983/ 3/15
	59	1984	12	ドンドヤキ実施に関する掲載記事なし		
	60	1985	12			
	61	1986	12	3	37	1986/ 2/28
	62	1987	18	3	39	1986/10/31
	63	1988	18	史料所蔵なし		
平成	1	1989	18			
	2	1990	18	7	49	1990/ 1/13
	3	1991	16	10	52	1991/ 1/ 8
	4	1992	16	11	55	1991/12/20
	5	1993	17	13	58	1992/12/18
	6	1994	17	14	61	1994/ 1/14
	7	1995	17	11	64	1994/12/25
	8	1996	19	12	67	1995/12/29
	9	1997	17	12	70	1996/12/26
	10	1998	17	13	73	1997/12/19
	11	1999	17	13	76	1998/12/23
	12	2000	16	13	79	1999/12/23
	13	2001	17	13	82	2000/12/22
	14	2002	17	13	85	2001/12/26
	15	2003	17	13	88	2002/12/25
	16	2004	17	13	90	2003/12/26
	17	2005	17	13	92	2004/12/24
	18	2006	17	13	94	2005/12/22

和暦	年	西暦	全地区委員会数(1月)	ドンドヤキを開催した地区委員会数	『多摩のこども』掲載号数	発行年月日
平成	19	2007	17	13	96	2006/12/25
	20	2008	17	13	98	2007/12/25
	21	2009	17	13	100	2008/12/25
	22	2010	16	12	102	2009/12/25
	23	2011	16	12	104	2010/12/24
	24	2012	16	12	106	2011/12/22
	25	2013	16	12	108	2012/12/21
	26	2014	15	12	110	2013/12/19
	27	2015	15	12	112	2014/12/29
	28	2016	15	12	114	2015/12/20
	29	2017	15	12	116	2016/12/20
	30	2018	15	12	118	2017/12/20
	31	2019	15	12	120	2018/12/20
令和	2	2020	15	12	122	2019/12/20
	3	2021	15	0	124	2020/12/20

※全地区委員会数は、『多摩市の青少協と地区委員会ハンドブック』多摩市教育委員会・多摩市青少年問題協議会(1993、1996、1998、2000、2002、2004年版)、『多摩のこども』2000年～2020年の12月刊行分参照。
※落合・南鶴牧地区委員会内では、三自治会によりそれぞれドンドヤキが開催されている。
※平成元年は1989年1月8日、令和元年は2019年5月1日にそれぞれ改元。
※昭和63年秋以降の昭和天皇の闘病中は、全国的に歌舞音曲を伴うイベントは自粛された。
※平成元年の道祖神行事は、昭和天皇の崩御(昭和64〈1989〉年1月7日)にともない、自粛されたとも聞く。

これによると、一九七八～八二、八四、八五年は道祖神行事の開催記事が見当たらない。しかし、一九八六、八七年は三地区委員会が実施し、平成の時代になって一九九〇年以降実施する地区委員会数は増加したことがわかる。そして、一九九四年には最多の一四地区委員会が、二〇一〇年以降は一二地区委員会が実施してコロナ禍直前まで市域の八割前後の地区委員会が道祖神行事に取り組んだことがわかる。

行事運営の新たな形

これまで見たように、開発後、多摩市では道祖神行事に青少協が関与するようになった。これにより、行事は開発前より大規模におこなわれるようになった。具体的な行事の取り組み方は地区委員会により異なる。

たとえば、ニュータウン開発後に建てられた多摩センター駅南東にある大規模集合住宅を主とする地区委員会では、和太鼓や隣接他市の獅子舞の披露、豚汁の配付、中学校科学部による参加型実験等の新たな要素を加えて校庭でおこなう。主催は、青少協地区委員会、大規模集合住宅の管理組合である。通学区内にある開発以前からの住民が所属する自治会からは有志が参加する。焚き上げるのは一月第二土曜日か日曜日の日中であった。

あるいは、ニュータウン開発で雑木山が大規模集合住宅や戸建て住宅となり、居住区が区画整理を受けた多摩センター駅近隣の地区委員会があるが、ここでは、二〇〇〇年代初めのニュータウン開発事業終了に伴い、駅近辺に開発事業体が所有していた土地が民間企業に売却された。そこには大規模な家族向けマンションが建設され、児童・生徒が増加した。この地区の委員会では、道祖神行事は区画整理がおこなわれた所で講中をもとした三自治会が行事を主催している。会場は開発前の道祖神場に近い公園である。行事に使う植物は、市内の緑地や造園会社、地区の寺や家々から協力を得ている。この三自治会が焚き上げるのは、開発前同様一月十四日夜である。青少協地区委員会は、開催通知のチラシを学校経由で配付する。

ところで、青少協第三地区委員会は、多摩市域の中央部の多摩第三小学校通学区を担当する。筆者は、ここでおこなわれる道祖神行事を、コロナ禍直前の二〇一九年十二月から翌年一月にかけて見学させていただいた。ここでは、新旧の地域の組織と新しい取り組みが活かされて行事がおこなわれているので、次に紹介する。

道祖神行事の主催は、乞田《こった》地区に立つ地域の乞田・貝取《かいどり》ふれあい館（多摩市乞田・貝取コミュニティセンター）運営協議会である。同館運営協議会は、館の管理・運営を市より受託し、旧乞田村と旧貝取村の五つの講中（現・自治会）から選出された人々や、乞田八幡青友《せいゆう》会（乞田八幡神社の祭礼を支える十八歳以上の男女で構成）からなる。江戸時代の地誌である『新編武蔵国風土記稿』によると、旧貝取村は旧乞田村から分かれたとある（蘆田他、一九九六）。つまり、乞田地区と貝取地区は、その歴史的経緯から一つのまとまりと考えられる。

当地区では、開発に伴う区画整理中も一部の講中が場所を変える等して道祖神行事をおこなっていた。区画整理後に同館が一九九一年に建設されると、翌年から乞田八幡青友会、乞田囃子連、第三地区委員会共催で同館隣接の広場で行事が実施されるようになる。この地には、開発に伴う区画整理の折に集団移転していた。当地区では、現在道祖神行事で建てる円錐形の小屋をヤグラとよぶ。焚き上げるのは、一月十四日に近い日曜日の日中である。

道祖神行事は、本館運営協議会から選出された実行委員会会長を中心に同運営協議会会員や職員、青少協第三地区委員会、消防団地区分団、中学校ボランティア、小学校四年生と教師が行事の準備と実施にあたった。お焚き上げ当日には、青少協地区委員会が来場者に甘酒、蜜柑《みかん》等を配布した。

行事の準備は前年十二月上旬から竹類や茅の刈り出し、ヤグラの棟上げ、お焚き上げ、行事翌日の後片付け（会場の原状復帰）に至るまで九日があてられた。

棟上げの行程では、孟宗竹の柱を立てて割竹で梁《はり》を作り、竹針と縄で茅を縫い付ける等した。これは、かつての屋根葺きを彷彿させるものである。この要領で直径・高さ六メートル程の大きさのヤグラを造る。その中に囲炉裏《いろり》も設ける。ヤグラの他に、小学生の総合学習で造る高さ一・五メートルの円錐形の小屋（ミニドンド、170ページ、写真7－1）二体、古札納所、ヤグラの地鎮祭の斎場や団子焼きの串を五〇〇本も作る。本行事のため、茅（二トントラック二台分）、孟宗竹（約五〇本）の他に真竹や篠竹《しのだけ》も刈り出された。

これらの大量の植物は、現在では身の回りからの調達が困難である。そのため、乞田地区

写真7－1　ミニドンド

に多くの壇家をもつ吉祥院、市内の公共団体の所有地、隣接他市の個人所有地等から協力を得て同館運営協議会、消防団第七分団、中学生ボランティア等で刈り出す。中学校ボランティアは、お焚き上げの日に配付する団子二五〇〇個作りにも加勢する。

　以下、本行事を担った諸団体を簡単に説明する。多摩市消防団第七分団は、乞田・貝取地区担当の分団である。団員の中には市内にある私立大学の学生も複数いる。彼らは他市出身だが、東京消防庁の学生消防団員の入団促進に応じて入団した。

　多摩市立東愛宕中学校ボランティアは教師と生徒からなる。同校は多摩ニュータウン第一次入居に伴い一九七二年に開校した。通学域にニュータウン開発後に入居した集合住宅群を含む。今回のボランティアには開発後に転入してきた生徒もいる。

　多摩市立多摩第三小学校は明治期開校の学校をもととする。同校は、一九六五年に現行名となった。通学区内には、開発後転入してきた家も含む。四年生は総合的な学習の一環で道祖神行事を学んでいる。本行事ではミニドンドを造る。

このように、第三地区では、村落の内部区分であった講中をもととしたコミュニティセンター運営協議会、自治会、地区の寺、消防団地区分団、青少協地区委員会、中学校ボランティア、小学校の総合的な学習（以下、総合学習と記す）という地区の様々な組織や取り組みを活かし、開発前からの住民と新たに転入してきた人々が共に行事を支えている。

学校教育と道祖神行事

乞田・貝取ふれあい館の関係者によると、東愛宕中学校ボランティアの生徒の中には、多摩第三小学校の総合学習の時間で道祖神行事を学び、興味をもったことがボランティアとして参加する契機となったと話す生徒もいるという。

小学校の総合学習は、二〇〇二年より導入された。しかし、同館運営協議会は、それ以前より、多摩第三小学校から招かれて社会科の授業に出前講座の講師を派遣している。

講師は、地区の古老の一人である。この古老は、ヤグラの模型を作り、小学生がミニドンドを造るときの参考となるようにしている。

一月の始業式後、同館運営協議会指導の下、十二月に刈り出された茅や竹等で小学生がミニドンドを造る。お焚き上げの日にはこれを焚き上げる。来場者には道祖神行事の由来、行事に利用する植物等を記した手作りの栞《しおり》を配る。また、ヤグラやミニドンドに火が点《とも》され、火勢が収まり団子が焼けるようになるまでの間にはドンドヤキの歌を合唱し、紙等で作った道祖神行事の二体のマスコット（着ぐるみ）も披露する。

お焚き上げには、児童の家族等も来場するため、本行事では大量の団子とそれを刺して焼く串が用意される。児童の家族等は自身が行事を楽しむと共に、他の学校行事と同様に、児童の総合学習の成果を参観に来ている面もある。この点は、多くの都市祭礼が他所《よそ》から来た観光客や神輿担ぎの同好会も加わって神輿渡御《とぎょ》等を盛り上げることとは異なる。

小学校の総合学習で道祖神行事が取り上げられることは児童より幼い子どもたちに行事を知り興味をもってもらう機会にもなっているようだ。たとえば、自分の兄か姉が造ったミニドンドの中に家の正月飾りを納めに来る幼児がいた。道祖神行事の着ぐるみに近寄りそれに手を伸ばす幼児もいた。あるいは、団子焼きが終わり会場を後にする際に「ドンドヤキ、毎日やってくれないかなあ」と筆者に耳打ちする幼児もいた。

また、総合学習で道祖神行事を取り上げることを通して、開発前からの住民と、開発後に転入した人々が交流している例もある。

多摩市内の複数校で教諭・副校長・校長を務められた方によると、小学校の総合学習では、区部では当初英語学習に取り組む例が多かったが、多摩市では民俗的なこと、中でも道祖神行事への取り組みがみられた。市域西南部の小学校では、全世帯がニュータウン開発後の転入である。この小学校では、同校を担当する青少年地区委員会が担当する隣の小学校の学区域である三自治会（いずれも講中をもととする）の道祖神行事を、教師と児童に見学・参加させている。また、その当該地域の小学校では、六年生において道祖神行事を総合学習の中で、ニュータウン開発以前の多摩市の歴史、多摩市の文化として学んでいるという。

この三自治会のうち、中組《なかぐみ》自治会の道祖神行事を二〇二〇年に見学させていただいた。会場は以前の道祖神場近くの鉄道高架沿いの中組稲荷から、最寄りの二反田《にたんだ》公園へ移動していた。会場内には中組自治会有志がドンド（前出の「ヤグラ」に相当）を造り、無病息災を祈ると共に道祖神行事の伝承を記した掲示と、繭玉飾り（写真7－2）の復元も展示されていた。繭玉飾りとは、開発前に小正月に繭の形をした団子を木の枝にさして座敷に置

写真7－2　繭玉飾り

き、繭の豊産を予祝《よしゅく》していたものである。このように、学校教育が道祖神行事に関与することで、新たな変化をよんでいるのである。

東京都多摩市は、開発で道祖神場という境の神を祀り道祖神行事をおこなう所と行事に利用する植物を供給する雑木山等を失《しっ》した。しかし、開発後は行事のかたちは変化しながらも道祖神行事は興隆をみている。

それは、急激な都市化に伴う子どもの一人遊び、地域社会への無関心を克服することを目的として、多摩市青少協の一地区委員会が道祖神行事を再開したことが端緒であった。青少協の各地区委員会は、小・中学校単位に設けられている。これにより、地区委員会によっては、

①開発後に建設された大規模集合住宅群を主に構成される所

②開発前からの住民で区画整理を受けた所と、開発後に転入の家々の双方から成る所

という、かつての村落の内部区分である講中より広い範囲と開発前・後居住を問わない人々が行事の対象となった。

元来何も繋がりがなかった者同士が、たまたま同じ青少協の各地区委員会が管轄する地区に住み、道祖神行事を経験する。この行事により、地域皆で年神を送り、団子焼きをして一

年の無病息災を祈るという道祖神行事は、新年の地域の共同祈願の機会であり続けている。この変わらなかった点が多摩市における道祖神行事の本質であろう。そして、地域に住む人々が縁を紡いでゆく紐帯となっているからこそ、開発後に道祖神行事が興隆をみているのであろう。

したがって、青少協、自治会、管理組合、コミュニティ運営協議会、消防団地区分団、学校等の地域の様々な組織や団体が行事に取り組み、諸団体や個人が開発により入手困難となった植物の調達へ手を差し伸べるのである。

本章によって、多摩ニュータウン開発以降コロナ禍に遭うまでの半世紀の多摩市域における道祖神行事の軌跡の一部でもお伝えできれば幸甚である。

第8章 神社空間を核とした防災コミュニティの形成

髙田知紀

東日本大震災の被災地における神社への着目

本章では、防災コミュニティの拠点としての神社空間の可能性について考察する。日本各地に鎮座する神社は、数百年から数千年の時間単位で国土のなかに存在している。その間、人間社会は人為的・自然的を問わず様々なリスクにさらされてきた。すなわち、長く日本の国土に鎮座している神社は、その間に発生したリスクを何らかの形で乗り越えながら現在にその姿をとどめている。

二〇一一年の東日本大震災の後には、多くの人びとが神社と災害リスクとの関係に注目することとなった。メディアによる報道やいくつかの研究論文によって、東北被災地の沿岸部で津波の浸水域を避けるように神社が立地していることが報告されたからである。また、仙台市内の浪分《なみわけ》神社の伝承は、かつて東北地方を大地震と津波が襲った際に、神社の手前で津波が二つに分かれて引いたことを現代に伝えていた。筆者も、東日本大震災の直後から被災地の支援活動を展開するとともに、沿岸部の状況を見てまわるなかで、津波にのまれた市街地や集落のなかで神社の鳥居に目が行った。そこで、宮城県から岩手県にかけて、沿岸部の神社の立地とその被災状況、さらに神社の由緒や祭神について調査を実施し、多くの神社が津波に対して安全な立地にあることを示した。さらにいくつかの神社は実際に、地震後の津波発生時に人びとが緊急避難場所として利用していたこともわかった。

東日本大震災の被災地で神社の調査を実施するなかで、福島県相馬郡新地町《しんちまち》の熊野神社を訪れた際、地域住民の方に話を聞くことができた。この熊野神社は、海岸から約2キロメートルの小高い丘陵上に鎮座している。海岸線から平坦な土地が続く相馬郡では、この丘の足元まで津波が押し寄せてきたが、熊野神社は丘の頂上付近に位置していたことから被災は免れた。周辺の地域の人びとで、この熊野神社まで避難する人も多かったという。一方で、熊野神社の鳥居をくぐり境内に入り目に留まったのが、地震の揺れによって柱が基礎石からずれ落ち、屋根も崩落しそうな本殿の状況であった。津波の被害は免れたものの、長い期間修繕・改築できずにあった本殿は、強い揺れによって大きく損壊してしまったのである。地域住民によれば、集落の過疎化と高齢化によって神社の維持管理が行き届いておらず、地震によって傾いてしまった本殿を建て直すことも難しいだろう、とのことであった。さらに、完全に神社を廃してしまうことはできないので、小さな祠のような規模に縮小するかもしれないと語った。

東日本大震災の被災地では、熊野神社に限らず多くの人びとが神社や寺院に一時的に避難をした。他方、神社・寺院が避難所となる場合、あらかじめ行政によって定められている指定避難所としてではなく、地域住民が自主的に避難所として活用するケースがほとんどであった。したがって、被災地への支援物資が避難所として活用されている神社・寺院に届けられないケースも生じていた。また、政教分離の原則から、大規模自然災害によって被災した神社仏閣などの宗教施設は、再建に向けて公的な支援を受けられないという課題も、東日本大震災や二〇一六年の熊本地震の際に浮き彫りとなった。

人間社会の変遷とともに、常に地域住民の精神的支柱として、あるいはコミュニティの核として機能してきた神社は、災害の履歴を伝承する一つの社会装置としての可能性も有している。一方で現代社会においては、政教分離の原則という前提、および地域での氏子制度の崩壊、神職の高齢化など様々な問題から、神社と地域社会との関係は密接であるとは言い難い。災害の履歴を伝え、地域防災の拠点となり得るポテンシャルがあったとしても、神社空間そのものを適切に維持管理し、後世に持続可能な形で残していくことが困難になりつつある。

重要なのは、神社の災害リスクに対する安全性を検討しつつ、いかにして神社をコミュニティ活動のなかに適切に位置付けていくかということである。現在の法制度の下では、長い歴史を刻み存在する神社も、他の多くの宗教施設と同様に位置付けられる。そのような前提をふまえながら、地域防災という視点からコミュニティのストックとして神社空間を再生していく方策について検討しなければならない。本章では、筆者が和歌山県和歌山市に鎮座する伊達《いたて》神社において、神社の宮司や氏子、その他の地域住民と共に展開したプロジェクトの実践をもとに、防災コミュニティの拠点としての神社空間の活用の可能性について検討する。

和歌山県における神社の被災リスク

ここでは、和歌山県を対象に神社の自然災害リスクのポテンシャルについて検討する。まず、南海トラフ巨大地震の津波予測浸水深シミュレーションデータを用いて、神社の津波リスクポテンシャルを検討した。津波のシミュレーションは、「内閣府南海トラフの巨大地震

図8-1　御坊市付近の津波リスクと神社

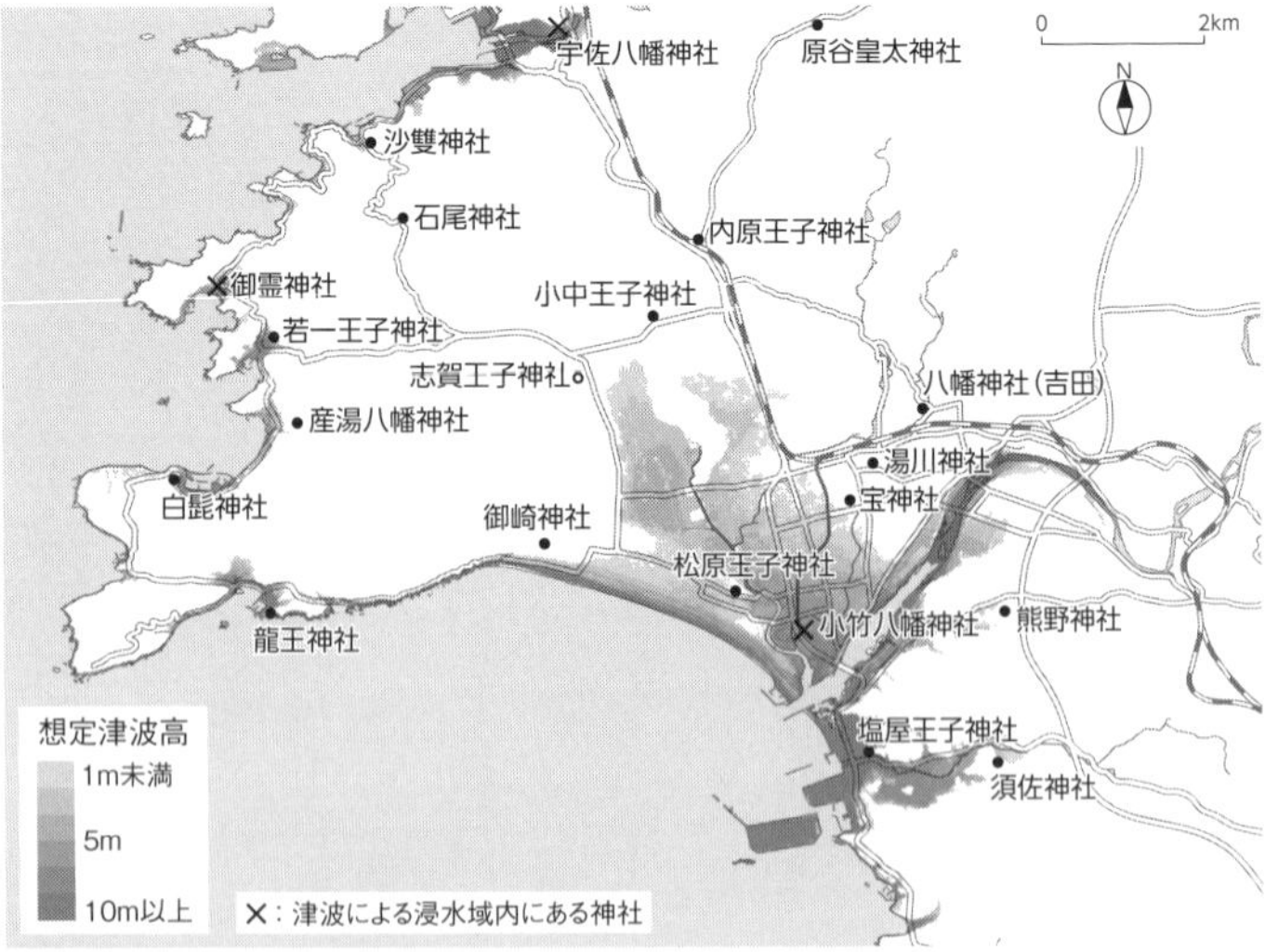

※地図の海岸線・道路・鉄道部分は、国土地理院の基盤地図情報基本項目、国土数値情報（鉄道・緊急輸送道路）、地理院地図を使用して、株式会社ウエイドが作成。

モデル検討会」が公開した南海トラフ巨大地震の予測浸水深のうち、和歌山県下で予想浸水深が最高になるデータを用いた。津波の想定浸水域内に位置している神社は、分析の対象とした和歌山県下三九八社のうちで三八社であった。すなわち、全神社のおよそ一〇パーセントにあたる。たとえば、図8-1は日高町・御坊《ごぼう》市付近における津波浸水想定域と神社の配置の関係である。このエリアでは、「小竹八幡神社」「御霊神社」「宇佐八幡神社」が浸水域内に位置している。その他の神社は、浸水域の境界付近に多く立地していることがわかる。

実際に現地で住民の声を聞いてみると、「塩屋王子神社」では、昔から「地震の揺れを感じたらお宮さんに逃げろ」と子どもたちは教わっていたという。塩屋王子神社は、津波の際の緊急避難場所として位置付けられ、誘導のための看板も設置されている。和歌山には、地震と津波の防災に関する有名な話「稲むらの火」がある。安政南海地震が発生した際、現在の和歌山県広川町のあたりに大きな津波が押し寄せ、濱口梧陵《はまぐちごりょう》という人物が稲の束に火をつけて、集落に鎮座する広八幡神社への避難を多くの住民に呼びかけたという話である。広川町にある濱口梧陵記念館と津波防災教育センターを併設した「稲むらの火の館」には、津波の心得として「津波には只足早に宮参り跡の事へは念を残すな」という歌が掲げられている。この歌は、『安政聞録』という資料を残した古田庄右衛門によるものである。この歌からもわかるように、和歌山の人びとは古くから、津波のリスクと、自分たちの居住空間に鎮座する神社との位置関係を意識していたことがわかる。

津波以外では、河川氾濫リスクについても検証を行ったところ、対象とした三九八社のうち被害の出る可能性のある神社は三七社であり、津波と同様に、全神社に対しておよそ一〇パーセントという結果になっている。多くの神社は、河川の氾濫の危険性を回避した立地特性を有していることがわかる。また土砂災害リスクについては、対象三九八社のうち一三三社が危険区域内に位置する結果になっている。全神社に対しておよそ三三パーセントが土砂災害危険区域内に位置しており、津波や河川氾濫に比べてその割合は高い結果となった。

式内社・伊達神社

和歌山における神社の災害リスクの検証結果が示すのは、神社は津波や河川氾濫、土砂災害などの自然災害に対して比較的安全性の高い立地特性を有するということである。この結果は、すべての神社が安全ということを意味するわけではないにしろ、少なくとも避難計画や防災計画を立てようとする場合に、その土地の神社の立地特性を検討し、安全性が確認されれば、緊急避難場所あるいは避難所として活用できる可能性を示す結果となっている。

避難所としての神社の活用については、二〇一八年西日本豪雨で被災した岡山県倉敷市の真備《まび》町の事例を挙げることができる。小田川沿いの河岸段丘上に鎮座する熊野神社を住民が自主避難所として登録しようとしていたまさにその時に豪雨が発生し、一時は二〇〇人もの住民が避難生活を送った。一方で、神社は学校や公民館などとは異なり、一つの宗教法人の土地であり、公的な防災計画のなかで行政の主導によって避難場所や避難所として位置付けていくことは容易ではない。

そのような背景をふまえて筆者は、和歌山市の有功《いさお》地区に鎮座する式内社・伊達神社をモ

写真８－１　伊達神社の境内

デルケースとして、地域防災において神社空間を活用していく社会実験を展開した（写真８－１）。社会実験では、神社の宮司や氏子、その他の地域住民が協働しながら、地域の防災意識を高めていくためのイベントやプロジェクトを実施した。そのような機会を通じて、神社の氏子総代以外の多様な地域住民が神社に関わりながら、神社を核とした地域防災コミュニティを形成することを目的としている。

伊達神社は、イタケルノミコトを主祭神とする式内社である。イタケルは、記紀のなかでヤマタノオロチを退治した神として知られるスサノオノミコトの息子として描かれている。『日本書紀』のある書では、スサノオとともに新羅に渡り、帰国した際に天上から将来した樹種を妹神のオオヤツヒメノミコト、ツマツヒメノミコトとともに日本の全土に播《ま》き、その後、紀伊に鎮座したと記されている。この『日本書紀』の記述からもわかるように、イタケルは日本の国土に多くの木の種を播き、山林をつくったことから、植林・林業の神として厚い信仰を集める神であり、古くから木材の産地であった紀伊国に深く関わる神である。

伊達神社は、苑部ノ連多ノ朝臣が紀の川北岸の領主となったことを契機に現在地に遷座し、園部氏の氏神である神八井耳命《かむやいみみのみこと》（初代天皇神武天皇の御子）を併せ祀ったと伝わっている。安土桃山時代に戦乱により社殿が焼失したものの、寛文二年（一六六二年）に再建された。その後、時代の変遷により神領を失ったものの、現在でも五〇〇〇坪の神域を有している。

伊達神社における社会実験の計画

伊達神社で防災コミュニティ形成の社会実験を実践するきっかけとなったのは、宮司である藪内佳順氏から筆者への一本の電話であった。藪内氏は当時、和歌山県神社庁の紀北四支部の研修会のプログラムを検討していた。その際、筆者が発表した和歌山県下の神社の自然災害リスクに関する論文（髙田・桑子、二〇一六）を手にした。藪内氏は、近い将来に発生する南海トラフ巨大地震を想定し、神社をどのように守っていくかということを検討していた時だった。そのため、和歌山県の神社が、これからの防災・減災に向けてどのように地域に貢献できるかということを研修会で検討するために、筆者に講演を依頼したのである。このことがきっかけとなり、筆者は伊達神社をはじめ、和歌山県下の多くの神社関係者とつながりをもつこととなった。またそのなかで、地域神社の多くが置かれている困難な状況を認識することとなった。

伊達神社においても、他の多くの地域神社と同様に、㈠地域の少子高齢化・過疎化による氏子の減少、㈡信仰の空洞化によるコミュニティとの関係の希薄化、㈢広大な鎮守の森の維持管理不足による環境の荒廃、という課題を抱えていた。これらの課題を解決し、神社を持続可能にしていくためには、まず何よりも周辺コミュニティとの関わりを再構築することが重要であった。

神社管理における課題をふまえて藪内氏は、まずは地域住民が気軽に立ち寄れる神社運営を目指し、いくつかの活動をすでに実践していた。具体的には、子どもや若い世代が神社に親しみをもつきっかけづくりとして、節分祭、夏越《なごし》の大祓と茅の輪くぐり、七夕祭などの神社での祭事に加えて、学童の境内でのタケノコ堀り、婦人会による清掃奉仕、炊き出しイベントなどである。なかでも炊き出しイベントは、二〇一八年二月を第一回目に、継続的に展開している。伊達神社に隣接する有功小学校の元育友会のメンバーと連携しながら、社務所を開放して、子どもたちや氏子総代、参拝者にも炊き出しを提供した。また二〇一八年五月より、社務所を自然災害発生時の緊急避難場所として活用するために、災害対応や避難生活のための備品や飲料水などの備蓄を開始した。

このように伊達神社においては、神社をコミュニティの活動の一つの場として開放することで、多様な人びとが神社に関わる契機を創出し、ひいては神社管理における諸課題の解決を図る方策を模索していた。実際に、炊き出しイベントを行う元育友会の有志たちは、宮司が常に氏子だけでなく広く住民に対して、誰でも気軽に神社の行事や活動に参加できる旨を発信していたことが、伊達神社に関わることにつながったと語った。すなわち神社空間の「開かれたマネジメント」がすでに実践されていたことがカギとなったのである。

和歌山では前述したように、南海トラフ巨大地震や頻発する豪雨災害という、地域で共有された大きな課題がある。地域防災という大きな課題に対して、神社空間の活用の可能性を検討するなかで、多様な主体が神社に関わる契機を創出することを目指し、社会実験を計画していった。この社会実験を実施するにあたっては、筆者が代表者となって、トヨタ財団の研究助成プログラムに応募することで資金を調達した。

有功地区の空間特性の把握

社会実験を行う前に、まず伊達神社の詳細な災害リスクを検討した。伊達神社が位置するのは、大阪府と和歌山県を隔てる和泉山脈の南麓に伸びた砂礫《されき》台地の先端丘陵上である。地形分類図を見ると、伊達神社の参道は細長く伸びた尾根地形であり、その両側は谷底低地となっている。有功地区は紀ノ川下流の右岸側に位置し、浸水時には地域の大部分に甚大な被害が出る。しかし、その立地特性から、過去に水害が発生した際にも境内そのものが浸水することはなかった。また土砂災害や南海トラフ巨大地震による津波のリスクについても安全な立地となっている。

伊達神社の立地安全性を確認した後、神社を核とした防災コミュニティ形成の端緒として、有功地区の様々な価値と課題について現地を確認しながら話し合うための「有功地区ふるさと探検ツアー」を二〇一八年の十二月および二〇一九年二月に開催した。このツアーでは、宮司や氏子総代などすでに神社に濃密に関わるステークホルダーだけではなく、その他の多様な近隣住民にも呼びかけ、それぞれの関心や懸念にもとづいて議論できるようにプログラムを組み立てた。具体的には、神社と防災というテーマに限定するのではなく、地域の歴史や史跡名所、地理地形の読み解き方、教育や福祉の問題、地域づくり方策など多様で包括的な視点をもちながら、地域計画を専門とする筆者以外にも地質学、考古学、防災工学、交通計画など多様な専門家が参加し、ナビゲーターを務めた。そのツアーのなかで、伊達神社を中心に地区の地理的条件と災害履歴を含む地域の歴史的背景、さらにそのなかで暮らす人びとがどのように地域の価値や課題を認識しているかということを明らかにするために、フィールドワークおよびワークショップを行った。

ふるさと探検ツアーを通じて参加者が共有したのが、地域防災に関しては、行政機関が配布するハザードマップに載らないような局所的な災害リスク情報が重要だということである。たとえば、有功地区には多くの溜め池が点在している。かつてはこれらの溜め池の下流側に農地が広がっていたが、現在はその多くが宅地化されている。ツアーに参加した住民によれば、農地の減少に伴い、それらの溜め池が使われなくなり、維持管理も適切に行われなくなっているという。そのため、仮に豪雨時などに溜め池の堤体が崩れた場合、その下流の宅地化されたエリアは大きなリスクにさらされることを懸念していた。

また、地域づくりに関する課題としては、住民間の交流が十分でない現状、車中心の移動による住民の健康問題の二点が論点となった。特に健康問題については、高齢者も含め多くの住民が車やバイクで日常的に移動するため、意識的に歩くなどして生活習慣を改善しなければ、次第に足腰が弱り、高齢者などは家に引きこもりがちになるという。したがって、自然災害が発生した際に、逃げたくても自力で逃げられない住民が多いことが地域防災上の重要な課題として挙がった。住民間の交流も十分でないと参加者は考えていた。有功地区は、既存の集落は少子高齢化が進む一方で、新たに開発されたエリアには若い世代が多い。そのため、住民間交流が不十分だと、災害時の共助を実現することが難しいのではないかという声もあった。

ワークショップの成果として、地域内を歩くことで具体的な災害リスクと地域の多様な価値を共有しつつ、新旧住民や世代間の交流を促進するプロジェクトを進めていくという提案で合意した。具体的には、災害リスクと神社を中心とした郷土史、名所などを組み込んだマップを有功地区の多様な住民の協働により製作するプロジェクトを展開することとなった。

多様な価値を内包した「無病息災マップ」

ふるさと探検ツアーでの議論を受けて、二〇一九年六月より有功地区マップづくりプロジェクトを始動した。このプロジェクトは、筆者と伊達神社宮司、さらに氏子総代と、地域で炊き出しイベントなどを実施していた有功小学校の元育友会の有志が協働で推進している。

伊達神社をコアとしながら、地域を多様な視点からみることのできるメンバー構成となっている。

プロジェクトミーティングを通して、マップのコンセプトは「多様な人びとが多様な用途で活用できる地図」とした。またデザインについては、絵地図による表現で有功地区の個性を認識しやすくすることとした。

マップのコンセプトについては、災害情報だけでなく、地域の魅力など多様な情報を組み込んだ地図とすることで、楽しみながらハザード情報を認識できるようなしかけとする。一方で、多様な情報を組み込めばマップとして見づらいものとなってしまう。そこでマップの表現方法として、地域の地形と建物などの最低限の要素をベースマップで表現し、その他情報についてはマップの使用者が個々にカスタマイズできる形にしていくこととなった。具体的には、日常的に利用できるクリアファイルに描かれたベースマップの上に、その他の情報が書き込まれた透明のフィルムを重ねていくことで、それぞれが関心のある情報が地域の地図にプロットされていく方法である。

マップのデザインについてメンバーが共有したのは、地域の住民以外にも、多様な人びとが手に取りたくなるような魅力的なデザインにするという考え方である。そこで鳥瞰の絵地図として、微細な地形を表現しながら、伊達神社などクローズアップしたいスポットを強調できるデザインとした。デザイナーは、紀伊半島を中心に活動する絵地図作家の植野めぐみ氏に依頼することとなった。

マップのコンセプトとデザイン方針について決定した後に、マップの活用方法について議論した。結果として、「地域の人びとが地域内を歩く契機を創出する」ことを第一の意義として位置付けることとなった。前述したように伊達神社のある有功地区は、住民の移動手段は多くが車やバイクである。そうすると、日常的に通る道は限定され、さらに地域空間の微細な地理の変化を実感することがほとんどない。言い換えれば、紀ノ川の氾濫や山側で土砂災害が発生した際に、水や土石流がどのような範囲で被害を及ぼすのかということについてイメージできないことへとつながる。

マップ製作のプロジェクトミーティングを重ねるなかで、有功地区の神社・寺院やお堂などの配置が、河川氾濫時の浸水想定区域の境界上に位置することがわかった。また、土石流や斜面崩壊のリスクが高いスポットは、紀ノ川への眺望が開けている場所である。そこで、それらの史跡・名所や眺望点を結ぶウォーキングコースを設定し、そこを歩くことが自動的に地域のリスクの高いエリアを認識する契機となるようにした。名所巡りにより地域の歴史的文化的背景を知るとともに、地域のランドスケープを体感しながら歩くことで健康を増進しながらも、リスクポテンシャルの高いエリアを同時に把握するという複合的な価値を組み

図8−2　有功地区「無病息災マップ」

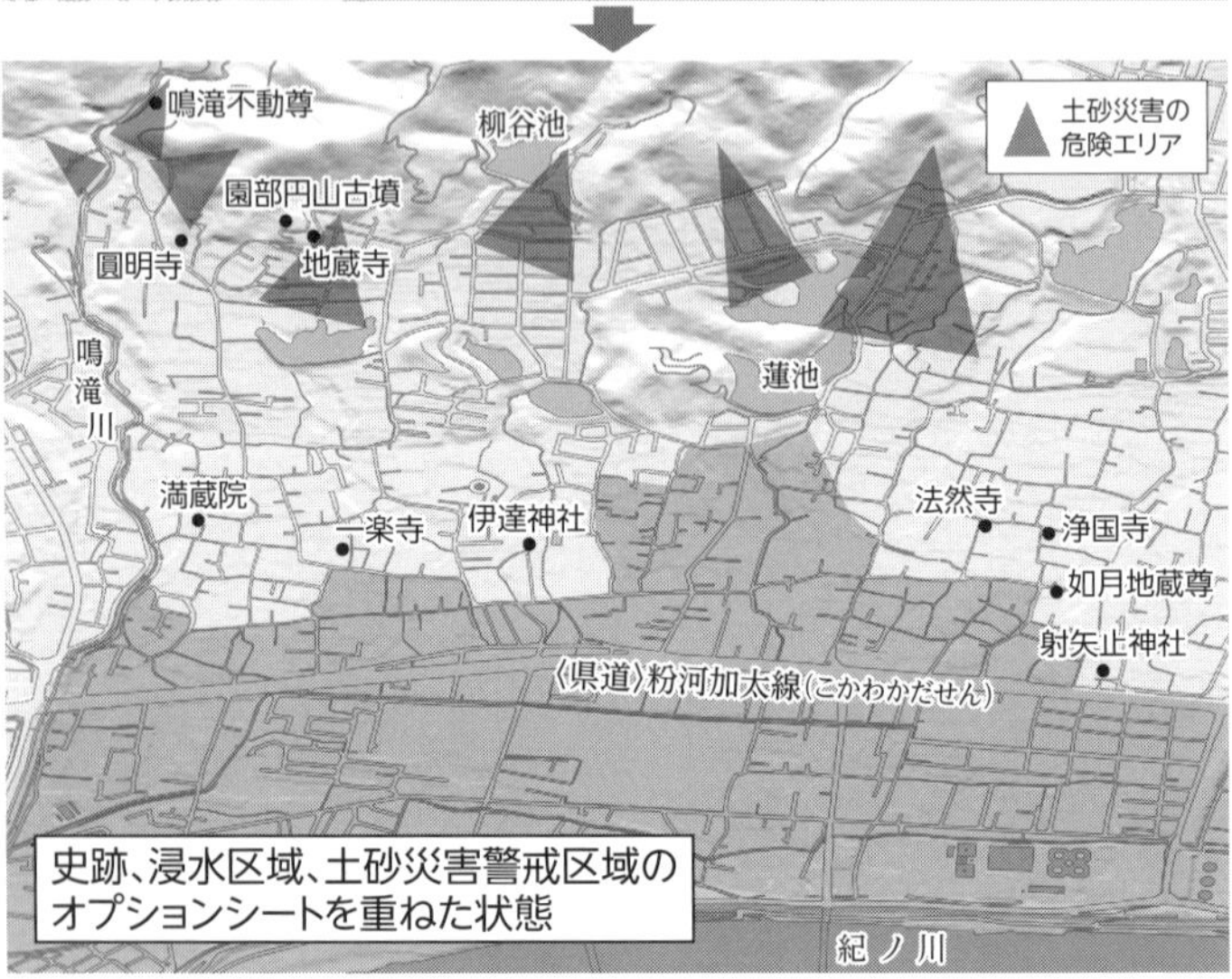

※国土地理院の基盤地図情報基本項目と数値標高モデルを使用して、株式会社ウエイドが作成。

込んだマップである。

以上のように、災害情報と避難経路、住民の健康増進と交流、さらに地域の空間の履歴を統合的に捉えたマップは、人びとが自身の暮らす地域の特性を理解し、健康に暮らしながら、災害時に適切に行動するためのコミュニティの下地を形成することに貢献する。伊達神社をコアとしたこのようなマップを「無病息災マップ」と名付けた（図８－２）。

神社において実施する夏越の大祓などの祭事はまさに、無病息災を祈願するものであり、健康で安全に暮らすことそのものがひとつの幸福の形であるという考えにもとづいている。無病息災マップは、そのような伝統的な日本の幸福概念を防災コミュニティの形成という現代的課題にもとづいて具体化したツールであるといえる。伊達神社では、無病息災マップを活用し、神社の祭事と防災訓練や健康ウォーキングイベントなどをセットにするなどして、より多様な人びとが神社に関わる契機を創出していくこととなった。

神社空間をコアとした防災コミュニティの形成に向けて

以上、和歌山県下の神社の災害リスクポテンシャルの分析から、伊達神社における無病息災マップ製作までの社会実験のプロセスについて論じてきた。その成果を次のようにまとめることができる。
・和歌山における神社空間の立地特性や由緒とハザード情報を統合的にみることで、自然災害を含む地域空間の履歴に人びとが目を向ける契機を創出した。
・持続可能な神社の実現に向けて伊達神社では、宮司を中心として開かれた場のマネジメントを展開したことが氏子以外のステークホルダーが関わるきっかけとなった。
・防災という共有された地域課題を核に、地域の多様な関心や懸念を掘り起こすフィールドツアーでの議論内容から、新たな地域主体による実践活動が展開した。
・「無病息災マップ」という一つのツールを製作するプロセスでステークホルダー間の交流が促進され、そこに関わった人びとが様々な地域の課題および価値を包括的に認識した。

伊達神社における取り組みが実現しようとしているのは、地域防災に貢献しうるツールを作成するプロセスを通じて、伊達神社を拠点とした新たな地域主体を形成し、地域空間の構造と履歴に対する多様なまなざしを共有するための社会装置を構築することである。

古くから日本人は自身の身に降りかかる「わざわい」を回避するために祈り続けてきた。

「わざわい」とは「わざ」が「這う」である。「わざ」とは、「人知を超越した何者かの力」という意味の言葉である。すなわち「わざわい」はそもそも人びとがコントロールできるものではなかったということがこの言葉の語源から理解できる。わざわいを回避するための祈りの空間として神社は長く地域社会のなかで重要な役割を果たしてきた。本章で論じた伊達神社での社会実験は、「防災拠点としての神社」という視点でみると今日的ではあるが、「わざわいを回避するための祈りと実践の場」という点では、神社空間がもつ普遍的な価値を体現しているといえる。先人のわざわいへのインタレストに着目し、様々なスケールでの「時間性」のなかで防災減災のあり方を考えていくことが、安全安心な暮らしを実現していく。

第9章 聖域がはぐくむ生物多様性

寺田仁志

豊かな自然を持つ日本列島

日本列島は多様な環境を持つ。南端の北緯二〇度二五分（東京都小笠原村沖ノ鳥島）から北端の北緯四五度三三分（北海道稚内市弁天島）まで南北約三二〇〇キロメートル、亜熱帯から亜寒帯の気候帯がある。

また、大陸の東にあって赤道付近で暖められた海水が潮流となって北上し（黒潮）、暖かい海水が蒸発して雲となるため、大量の降雨と冬でも暖かい気候が高緯度までもたらされる。地球の多くの地域では不毛の砂漠や草原としかならない北緯三〇度前後の亜熱帯高圧帯の地域でも、日本列島では豊かな降雨量のため、森林が発達している。

地史的にも陸生の恐竜化石が産出することなどから、数億年前から陸地として日本列島の一部が存在し、沈降、隆起を繰り返しながら存在してきた。

また、日本列島はユーラシア、フィリピン海、北米、太平洋の四地殻プレートの上の境界にあり、世界でも活発な地殻変動を起こしてきた。地殻変動によって火山活動が起こり、地上の自然環境を不安定にし、植生の遷移を繰り返してきた。

亜寒帯から熱帯までの気候帯にあり、地殻変動がしばしば起こる日本列島に息づく生物群集は多様な環境の中で多様化している。

生物多様性ホットスポット

生物多様性ホットスポットとは、原生の生態系の七割以上が改変されているものの一五〇〇種以上の固有維管束植物（種子植物、シダ類）が生息している地域のことで、これまでに世界で三六カ所が選定されている。生物多様性ホットスポット内に残された原生自然は、地球の陸地面積のわずか二・四パーセントを占めるに過ぎないが、植物の五〇パーセント、両生類の六〇パーセント、爬虫類の四〇パーセント、鳥類・哺乳類の三〇パーセントが生息している。

日本に分布する維管束植物（シダ・草本・木本）は約五六〇〇種あり、その約三〇パーセントは日本だけに分布する固有種である。日本の中で植物種の豊かな地域は、山地部の本州中央の太平洋側地域や島嶼の薩南諸島、琉球諸島を含む南西諸島である。

山地や島嶼のように孤立した地域は、日本固有の植物種が数多く分布する。種子島、屋久島、奄美大島、徳之島、沖縄島、西表島を含む南西諸島は、植物の世界では多数の固有種を含む地域で、生物多様性のホットスポットとなっている。

世界自然遺産登録地も聖地

令和三（二〇二一）年七月二十六日、奄美大島、徳之島、沖縄北部および西表島は、日本で屋久島、白神山地、知床、小笠原に次いで五番目に世界自然遺産に登録された。

今回登録された地域、登録地は島全体ではなく、人の活動の少なかった奄美大島では湯湾《ゆわん》岳、油井《ゆい》岳、徳之島では井之川岳や天城岳、犬田布《いぬたぶ》岳、沖縄北部では与那覇《よなは》岳、伊湯《いゆ》岳などの山地部、西表島では古見《こみ》岳、御座岳を中心とするほぼ全島である。

これらの島の山々は神が天から降りてくる場所として認識され、御嶽や祠がおかれることも多く、神聖な場所として崇拝されてきた地である。

屋久島においても遺産登録地は宮之浦岳、永田岳、安房岳など島の中央部の山岳で、各集落の守り神で祠のある山々が多い。

これまで神聖な場所として人々が認め開発を免れてきたところは、多くが国有地である。多くの聖域が明治維新の地租改正でこれまで共有地や入会地《いりあいち》として地域が保有してきたが、地域が税金を払えぬばかりに国に召し上げられた。結果的には世界遺産の登録に好都合となった。

里山と聖地

規模の大きな聖地は修験者や一般人の代表が利用した奥山であることが多い。ところが、人の暮らしと密接な里山にも聖地はある。

集落や耕作地のある里地。それを取り囲むようにして存在するのが里山である。里山は機能から、大きく六空間に分類することが可能である（200ページ、図9－1）。

薪を採り、肥料として落葉を掻き、里に近いところにあるのが薪山。炭を焼く炭焼山、生活具材の竹や筍をとる竹山、屋根葺きの素材や緑肥、飼料を採る立野（茅野）、スギやヒノキ、クスノキなどの有用樹を育てる立山、集落を風水害から守るように手つかずの空間とし

図9−1　里山の機能分類

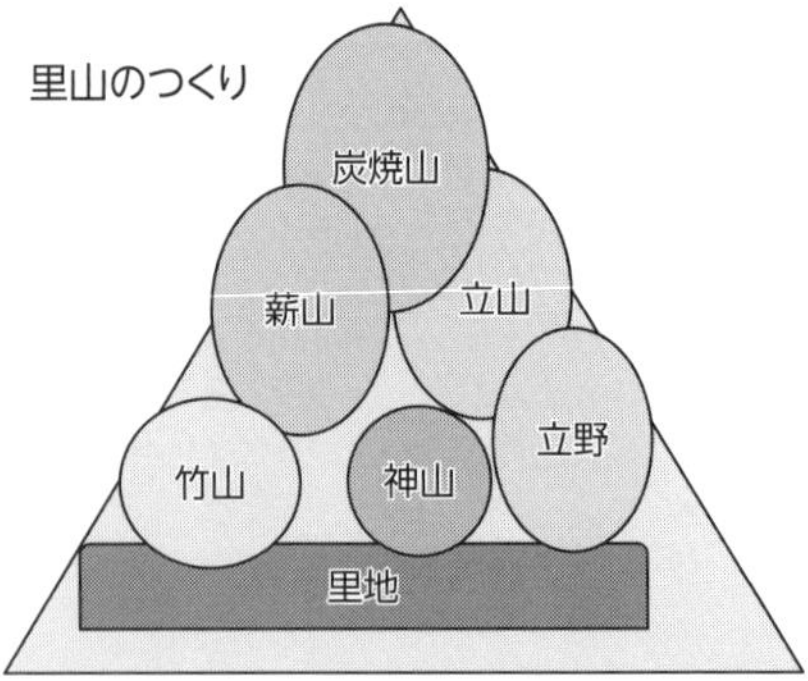

て残されてきた神山・鎮守の森などからなる。

薪山や炭焼山は日常使う薪や出荷するための木炭を採るため絶えず定期的に森を伐採する。すると脇芽が出て、十年もすると同じぐらいの太さの木からなる森（萌芽林）になり、さらに時間がたつと根際からいくつも広がった木が多い二次林になる。シイやカシ、ナラの萌芽林が多く、成長の速い落葉樹やマツの多いところでもある。里地から距離の近いところはマメ科のネムノキ、クズなどの窒素分を含んだ植物も多く、緑肥に使われ、マツ、シイ・カシの落葉は堆肥をつくるために代掻きが行われた。

炭焼山は里地からは距離があり、火力の強いアラカシやマテバシイ、スダジイ、ナラが主体の山である。タブノキやヤブニッケイなどの常緑樹、アカメガシワやネムノキ、カラスザンショウなどの落葉樹は成長が早く伐採後すぐ森をつくるが、火力が弱く、よい炭にはならない。

炭は軽くて運びやすいため遠くの山まで炭山になった。南九州に里地から離れてマテバシイの純林が多いのは良質の炭を採るため、ドングリを蒔いて森をつくった結果といわれている。

竹は筍が食用となり、竿は中空で軽く竹材の垣根やザル、箸等の生活具、櫓《やぐら》、漆喰《しっくい》壁の補強材等様々な用途があった。再生も早いため春から冬まで筍が採れるほど様々な竹が人里のすぐ近くに植えられ、どの集落近くにも一定面積の竹林があった。

立野は茅葺き屋根の材料、牛馬や豚飼育の敷きわら等になるチガヤやススキ、カルカヤ、トキワススキなどを育てるための草原で、集落から離れ耕作に向かない貧栄養の斜面につくられた。良質なカヤを採るため集落で管理し、定期的に火入れ等も行われた。

立山は、建築用のスギやヒノキ、マツを生産する場所で、藩の御用林もあった。樟脳《しょうのう》を採るクスノキ林や、藩からのお触れによって蠟燭《ろうそく》の蠟を採るハゼノキなどもハゼ負け（ハゼによるかぶれ）を気にしながらも植えていた。

神山・鎮守の森は祈りや祭りが行われる神聖な場で普段は立ち入ることが拒まれた。木を伐ったり、木の枝一本たりとも持ち帰ったり、汚すことが許されない神聖な場所である。実は神山の多くは、水源地や崩落しやすい急傾斜地などで、人為的な攪乱《かくらん》によって集落の生命や財産が失われないように取り決められた先人の知恵の場所であった。貴重な生き物の生息地にもなっている場所で、生物多様性に富む場所でもあった。

里山は神山を除き人がしばしば入るので、蔓植物なども切られて通りやすく、枯れ木もすぐに拾われてすっきりして風通しがよく乾燥した山だった。乾燥しているのでマツも成長がよくマツタケも採れた。生活のために度々入る里山は身近で、エビヅルやアケビなども目に付き、草原もあって山菜も多く、資源の豊かさを認識できる空間だった。地方は人口が多く貧しくて空腹な時代だったので、空腹を満たすために採った野イチゴやグミ、ムベなどは量が少なくても貴重であった。

このように神山を含め、生活のために変えられた里周辺の空間が里山なのである。

里の耕作地は集落から離れて傾斜地も利用し、水田であれば棚田、畑であれば段畑である。終戦後、海外まで進出していた人々が帰ってくると、人はあふれ、昭和二十年代までは日本の人口は食糧のある農村部にも多く、人々を養うため山深くまで耕作地は広がり、まさしく、「耕して天に至る」光景が日本全国にあった。

聖地と人の活動

生活のため森に入り、木を探し、伐採したり、落ち葉を探し拾ったりしている長い時間のなかで自然の恵みや危険に出合う。自然の変化に触れ、多様性を身に感じる。知らず知らずのうちに自然への畏敬、感謝が生まれ、自然を動かすものを八百万《やおよろず》の神々と思う。里では農業が主体で生産は本人の努力だけでなく自然にも翻弄される。自然を敬い自然に力を借りて生産する。祭りは万のことを神にお願いし感謝する行事なのである。神様を呼び寄せ、神に五穀豊穣（家業繁栄、子孫繁栄、家内安全等）を祈り、神への感謝・喜びを触れ回り、もてなすため、ともに飲食して終わる。この祭り、祈りの中心の場が神山、神社、御嶽であり聖地となっていた。

聖地である神山、御嶽は祈りの場であり、神に捧げる場であるため殺傷を避け、樹木の枝一本も折ったり、落ち葉を採ることも禁じられたりした。森が保護され、多くの生き物が避難している場所であった。これにより里山は生物多様性が担保されていた。

ところが、戦後の経済復興で地方の農業従事者が都市に吸収され、地方の人口減少が起こった。また、経済成長による物流の活発化によって、これまで薪炭に頼っていたエネルギーもガスに代わり、農業も人力・牛馬の使役から耕運機などの機械力へ、里山や林縁からの落ち葉・生葉等の緑肥に頼っていた肥料も化学肥料等に代わる大変革があった。

このため経済状況、社会状況が変化し、様々な変革が起こって森に入る必要もなくなってきた。森の自然に触れる体験がなくなり、自然を畏れ崇め、親しむ意識もなくなってしまった。

一方、神山は人が入らず生物種も増え、かつて避難していた生物種は他の里山や里地にも飛び出し、神山や御嶽の森は原生の状態に近づいた。

天然記念物とは

天然記念物は文化財の一つである。わが国の歴史、文化等の正しい理解のため欠くことのできないものであり、且《か》つ、将来の文化の向上発展の基礎をなすもので国民的な財産である。

この文化財に指定される対象については、昭和二十六（一九五一）年文化財保護委員会告示第二号による「国宝及び重要文化財（建造物）指定基準」並びに「特別史跡名勝天然記念物及び史跡名勝天然記念物指定基準」がある。天然記念物は植物、動物、地質・鉱物、天然保護区域の領域からなるが、それぞれについて具体的な指定基準がある。聖地に関わる植物および天然保護区域については、次の表のような学術的価値があるものとして基準が記されている。

【天然記念物の指定基準】

植物

㈠名木、巨樹、老樹、畸形木、栽培植物の原木、並木、社叢
㈡代表的原始林、稀有の森林植物相
㈢代表的高山植物帯、特殊岩石地植物群落
㈣代表的な原野植物群落
㈤海岸及び沙地植物群落の代表的なもの
㈥泥炭形成植物の発生する地域の代表的なもの
㈦洞穴に自生する植物群落
㈧池泉、温泉、湖沼、河、海等の珍奇な水草類、藻類、蘚苔類、微生物等の生ずる地域
㈨着生草木の著しく発生する岩石又は樹木
㈩著しい植物分布の限界地
(一一)著しい栽培植物の自生地
(一二)珍奇又は絶滅に瀕した植物の自生地

天然保護区域

保護すべき天然記念物に富んだ代表的一定の区域（天然保護区域）

天然記念物を次代につなぐ

貴重な自然である天然記念物を次代につなぐために、保護と活用の制度がある。

天然記念物の保護のため、「現状変更の制限」が制度化されている。学術的価値が失われないようにするため、たとえば、指定されている土地内での植物を採集するとか、地形を変える行為は厳しく規制される。

また、保護や活用のための助成制度もある。緊急に現状を調査して、将来にわたって価値を保たせるために保存する手だてをつくったり、天然記念物に指定された生き物が衰亡しようとしているとき、活力を取り戻すような事業を企画したりすると、国はその事業について補助する。指定地が民有地である場合の公有地化や天然記念物を活用するための設備をつくる事業にも補助がある。これとは別に、天然記念物の所在する市町村には一件当たり毎年一定額の普通・特別交付税が配分される。

以上の規制と保護、活用の制度があって国指定天然記念物は保存が担保される。

天然記念物は国だけが指定するのでなく、都道府県、市町村の地方自治体でも条例にのっとって、地方自治体の文化財として天然記念物を指定し、保護・活用されている。

聖域を天然記念物に指定

国指定天然記念物は大正八（一九一九）年に「史蹟名勝天然記念物保存法」が制定されて以来、一〇〇〇件を超えて指定されている。平成十八（二〇〇六）年以降、筆者は天然記念物指定候補の学術的価値の調査を行う非常勤の文化財調査員に委嘱されている。鹿児島県、沖縄県を中心に調査を行い、これまでに一五件が指定に結びついた。

指定には土地の所有者や利用者の同意が必要である。学術的価値を保存するため、文化財としては広い面積が必要な天然記念物では、民有地の指定は困難で（登記簿上の所有者が何世代も前のことが多いため）、国有地や市町村有地などの公有地に偏《かたよ》る。

これまでに文化財指定された一五件のうち七件は神山や御嶽などの聖地が含まれている。学術的な価値を見ると、これまで聖地として保護・保存されてきたため、植物の指定基準の㈡代表的原始林、稀有の森林植物相、㈢特殊岩石地植物群落、㈤海岸及び沙地植物群落の代表的なもの、㈩著しい植物分布の限界地（南限地・北限地）等に該当するものである。

聖域の天然記念物指定にあたっては現状変更が規制されるため、聖地が壊されることなく維持される。また、これまでの聖地での地域活動を考慮して土地の所有者の同意を得て指定する。このため地域の財産と誇りになるため歓迎されている。

平成二十四（二〇一二）年以降、国の天然念記念物に指定された聖地を含むいくつかの事例について、その概要や価値について触れてみたい。

例① 「宝島女神山の森林植物群落」平成二十四（二〇一二）年九月十九日指定

指定地：鹿児島県鹿児島郡十島村宝島

指定基準：㈡代表的原始林

宝島は屋久島と奄美大島の間にあるトカラ列島の南端の有人島で、面積約七平方キロメートル、二〇二二年現在の人口は一三〇人ほどである。動物地理から、東アジアの熱帯と温帯の境界線（渡瀬《わたせ》線）が、宝島と北の悪石島との間に引かれるという。宝島は熱帯系の生物社会の北限、熱帯の始まりの島ともいえる。

熱帯では珊瑚礁が発達する。宝島以南の南西諸島において、低地部の多くは珊瑚礁が隆起してできた弱塩基性土壌で、古くから集落があり、農耕や薪を採るための伐採、さらに近年の農地改善事業によって大規模な造成が行われ、地域の自然植生で発達した森林を見ることができる場所は限られている。

トカラ列島には沖縄奄美から続くニライカナイの信仰（海の彼方に聖地があり、そこから神がやってきて豊作や安全等の福をもたらすという考え）があり、メガミ、ネガミ、オガミと呼ばれる丘陵は聖地とされる。その丘陵はいずれも、集落の近くにあって見晴らしがよく、しかも無理なく祭祀を行える標高で、大地にしっかり生えるビロウ樹のもとで海人的性格を持つ吐噶喇《とから》民が漁労、航海、家内の安全を祈る森であった。このため、神聖な場所として島民は近づくことも少なく木々の伐採を厳しく禁じていた。

宝島の北部にある女神山（一三〇メートル）は、典型的な聖地であったため、まとまって自然林が残されている（口絵5）。その森は主にタブ林、ビロウ林、ウバメガシ林からなるが、遠くから見ると低地部にタブ林、続いてビロウ林、山頂部に帽子をかぶったようにウバメガシ林が配置され、境界がはっきりとわかる。

タブ林の中は隆起珊瑚礁の末端部にあたり、胸高直径が七〇センチメートルを超えるタブノキやガジュマル、アコウの木々にまじってビロウの高木がみられる。南西諸島内においてはこれほどの大きさのタブ林は少ない。ビロウ林はタブ林と構成種は変わらないが一〇メートル前後のビロウが高木層ばかりでなく亜高木《あこうぼく》、低木層にも圧倒的に空間を占めている。亜熱帯地域の沿海地の典型的な植物群落であると同時に希少な森でもある。

ウバメガシ林は実に見事である（210ページ、写真9－1）。ウバメガシは乾燥した痩せた土地に生え、葉は厚くて硬く、地中海地方で有名なオリーブなどとともに常緑樹の中で特に硬葉樹と呼ばれる。成長が遅く材が詰まっているため、木炭にすると金属音がする。女神山では常襲する台風に耐え、山頂を這いつくばりながらも根際の直径が八〇センチメートルを超える巨木が群落をつくっている。枝を広げ、天を仰ぐ様は荘厳である。広がった枝には大量のボウラン、サクラランなどが着生し、また、かなりの頻度で黒、白両タイプのトカラハブを見ることができる。ハブはそこで渡り鳥を待っている。

また、わずかな面積ではあるが、山脚部にある女神権現跡付近には荘厳な雰囲気を持つスダジイの巨木林があり、そこは特別な祭祀場だったことを窺わせる。

指定地の植物相は、宝島を南限とするマルバサツキ、ナンゴクウラシマソウなど、宝島

写真９－１　女神山のウバメガシ林

を北限とするリュウキュウクロウメモドキなど、及びトカラ列島を中心に分布するサコスゲ、トカラカンスゲ等が分布し、生物分布の移行帯となっている宝島を象徴する特異性がある。このように、聖地だったためまとまった自然林がある宝島女神山の森林植生は、南西諸島のみならず、東アジアの中緯度地方の自然を象徴するきわめて希少な存在である（寺田、二〇〇〇／寺田・大屋、二〇一二）。

例②「大和浜のオキナワウラジロガシ林」平成二十（二〇〇八）年三月二十八日指定

指定地：鹿児島県大島郡大和村大和浜字瀧ノ川九三一一

指定基準：㈡代表的原始林、㈩著しい植物分布の限界地

オキナワウラジロガシ（212ページ、写真9－2）は日本最大級のドングリが実るブナ科の樹木で、西表島以北、石垣島、沖縄本島、徳之島、奄美大島（北限）等に生え、スダジイと並んで琉球列島の非石灰岩地の自然を代表する森林をつくる。

本地域の自然林としてスダジイ林は山地や丘陵地の大半を占めるが、オキナワウラジロガシ林は潮風が当たらない内陸の谷部や凹地部に濃い緑の森をつくる。

オキナワウラジロガシ林の高木層は二〇～三五メートルもあり、スダジイやイジュ、タブノキ等も混じる。幹の直径が一メートル内外のまっすぐに伸びた本種が林冠《りんかん》の大半を占める。板根を発達させて巨体を支える姿が異様に見える。巨木にはシマオオタニワタリやフウラン、カシノキランなども着生する。森には奄美固有種をはじめ多様な植物たちが生え、それらの植物に依存する動物、その動物を食べる動物など、地域独特の生態系が成立している。

　オキナワウラジロガシ林としては、徳之島にも丹発山《たんぱつやま》をはじめ規模も大きくて見事な群落がある。奄美大島にもかつては金川岳《かねんごだけ》、市《いち》理原《りばる》等にもあったが、伐採され二次林となったものが多く、指定された大和浜の森は、琉球諸島固有のオキナワウラジロガシ林の自生の北限地帯にあって自然林の形態を維持する希少な群落である。わずか一・五ヘクタール中に目の高さで直径が六〇センチメートルを

写真９－２　大和浜のオキナワウラジロガシ林

超える巨木が一〇〇本ほど分布している様は壮観である。

指定地は江戸時代に代官所が置かれた大和浜の裏山で「滝川山《たきんこやま》」と呼ばれる大和浜集落の共有地である。集落からは急峻な凹地斜面に濃い緑を持つ木々の枝先がはっきりと見えるほど近接する。当地は海岸の直近で潮風が当たりやすくオキナワウラジロガシの生育には困難と思われがちだが、北西側を尾根に遮られ、南東側には平地を隔て大島の脊梁《せきりょう》が並び潮風の侵入がない奇跡的な立地である。

ところで、滝川山は集落の守り神が住む神山とされ、不可侵の聖地だった。今でも集落と滝川山との境は神道《かみみち》で隔てられ、道は清められている。神山は大和浜集落の背後にあって冬場の厳しい北西の風を遮り、温暖な気候をもたらし、台風等から集落を守ってきた。また、崩れやすい古生層を巨木のオキナワウラジロガシ林の根で緊縛して斜面崩壊を予防し、何よりも生活に必要な水を涵養していた。昭和三十年代に隣接する民有林を伐採するまではゴウゴウと音を立て滝川の水は流れていたという。

集落民は、裏山の森は集落を守る重要な森と認識していた。神山であることで、薪炭材、建築材になることもなく、伐採が相次いだ昭和三十年代にも売却することはなかった。人の叡智によって神をつくり、神が人を守り、人により守られてきた貴重な森である。

平成十五（二〇〇三）年には森の恩恵を集落外の人々にも開放し、奄美の森の豊かさを体感できる場となるよう探索路がつくられた。指定を答申した国の文化審議会では神聖な神山を地域のものから国民の財産として開いてくれたと、集落の方々の英断が話題となったという。

例③「平久保安良《ひらくぼやすら》のハスノハギリ群落」平成二十五（二〇一三）年十月十七日指定

指定地：沖縄県石垣市字平久保平久保牧、同字平久保安良および両地先海面

指定基準：㈤海岸及び沙地植物群落の代表的なもの

ハスノハギリ科植物は、数十種からなり、亜熱帯から熱帯に分布する。日本にはハスノハギリと石垣島だけに分布するテングノハナの二種がある。ハスノハギリはアジア、アフリカの熱帯あるいは亜熱帯の海岸に分布し、日本では奄美大島の瀬戸内町を北限とし沖永良部島、沖縄本島以南の南西諸島に分布する。ハスノハギリの葉は互生し、葉身の直径が三〇センチメートルになって盾状に葉柄が付き「ハスの葉」状になる。また、果実は頂に直径約一センチメートルの穴があるガクに包まれる。果実の直径は約三センチメートルで、落下した果実は、水に浮き潮流によって散布される。

樹木としての成長は早く、石垣島では三十年生のもので胸高直径が約五五センチメートルとなり、風衝の影響が少ないところでは高さ二〇メートルに達するまで成長する。

ハスノハギリの材は桐のように軽く加工しやすいため、かつては、カヌーや下駄、米びつなどに利用されていた。特に石垣島では、江戸時代から伝わる旧盆の行事である「アンガマ踊り」に使うお面（アンガマ面）等の素材として利用されてきた。このため、アンガマ面の良材を求めてハスノハギリの大径木は盗伐が頻発したこともあった。

果実は油脂成分やアルカロイドを多量に含み、灯用や下剤等の薬用に利用されており、有用樹として日本文化、特に琉球文化の基層を作る植物である。

個体群としては海岸の砂丘地にハスノハギリ一種が優占する群落を形成し、沖縄県では名護市字宮里兼久原の「宮里前の御嶽のハスノハギリ群落」（沖縄県指定天然記念物）を北限として分布し、八重山諸島では砂丘地の群落として普遍的である。

指定地の「安良」が史料に登場するのは十八世紀になってからで、明和八（一七七一）年の八重山地震によって発生した「明和の大津波」により安良村も壊滅的な被害を受けた（人口四八二人のうち四六一人溺死）。その後残った二一人と移住者で再興し、発展したが、明治四十五（一九一二）年の風土病マラリア等のため人口が減少し、廃村となった。

安良村跡の北側に建立されている御嶽は、廃村後も現在まで信仰され、イビや拝殿、境内の囲い石なども現存しているため、平成十九（二〇〇七）年、石垣市教育委員会は「安良村跡の御嶽」（216ページ、写真9－3）を市指定有形民俗文化財として指定し、その背後の

写真９－３　安良村跡の御嶽

写真９－４　安良のハスノハギリ群落

御嶽周辺林を「安良のハスノハギリ群落」（写真9－4）の名称で市指定天然記念物とした。

安良浜のハスノハギリ群落は御嶽周辺林だけでなく、海岸の通気性のよい砂質地、砂礫地で短期間、汽水が湛水するところに三地点にわたり成立する。幅五〇メートル、長さが五〇メートルの群落もあり、熱帯に近い八重山地域でも最大級である。胸高直径が一〇センチメートル前後のハスノハギリがびっしりと林冠を埋めることが多いが、直径一メートル、高さが一五メートルに達する巨木を含むこともある。希《まれ》に塩水につかるため下層植生は発達せず、森林群落では、熱帯に近い八重山諸島の安良浜は典型的な場所になっている。森林は高木層が発達し、下層植生は発達しない。国の天然記念物指定にあたっては砂を供給する海岸の礁湖部も重要であったため、分布地の地先まで指定対象となっている。

生物多様性保全の聖地を次世代に

日本列島は世界の生物多様性ホットスポットの一つであるが、その主要な地域に南西諸島がある。世界自然遺産は生物多様性が高く唯一無二の固有の生態系が形成されていることで登録されているが、日本で登録されている五件のうち二件がこの南西諸島にある。

南西諸島の自然の特徴は島々に多くの人々が昔から住み、自然の中で生活して生物多様性が保たれてきたことである。集落の周辺には里山があり、遠くには奥山がある。里山、奥山の中には神山、御嶽などの聖域がおかれ、祭祀に利用する以外は不可侵の場であった。

生物多様性の視点からは、人々の活動から免れることのできる多様な生物の避難場として機能してきた。時を経て、人々の活動が少なくなると、聖域はさらに地域の豊かな生物多様性の中心地となっている。

天然記念物は日本文化の基層を支える自然の文化財であり、日本文化につながる生物多様性が保全された原生の森は最重要な指定対象である。これまで人々と共生してきた自然を損なうことなく次代に伝えていくことが、文化財として天然記念物の使命でもある。

これまで保全されてきた聖域の森は、将来にわたって文化財としての活用が期待される。

第10章 公園としての祭祀の場の活用

上田萌子・大平和弘

日本国内には八万社以上の神社があるといわれ、すぐ身近に存在している。神社が神道《しんとう》の信仰に基づく祭祀の場であることは言うまでもないが、その範疇《はんちゅう》にとどまらず、人々にとって有意義な機能や価値が認められている。上田篤氏の編著『鎮守の森』によれば、「神社は動植物を含む生物的な種、文化財、民俗的行事、祭礼、芸能の宝庫であり、景観的な価値、散策、レクリエーションの場を提供している」とある。また、近年見られる避難緑地や防災緑地としての機能、新旧住民の交流の場などの新たな役割の可能性にも触れられており、神社を地域の核となる存在として活用することが期待されている（上田、二〇〇七）。

このように、神社は多様な役割を発揮し得るオープンスペースの一つといえるが、私たちの身近に存在するもう一つの代表的なオープンスペースとして、公園がある。現在、都市環境の維持・改善、防災、景観向上、コミュニティ形成、健康増進など、公園の様々な機能が注目され、地域の魅力を高めるための公園の活用方法が検討されている。もし公園と神社がうまく融合すれば、さらに価値のある空間へと発展するのではないかと思われる。しかしながら、日本では戦後の政教分離政策により、神社のような宗教的要素のある祭祀の場は公的には活用されにくい状況にあり、神社と公園は基本的に分離している。

だが、祭祀の場と公園の融合した事例が全くないわけではない。海外に目を向けると、同じアジア圏の台湾には、日本と同様の巨木信仰があり、祭祀の場と公園が一体的に整備されたケースを見ることができる。また、沖縄県の石垣市にも御嶽を公園化した事例がある。本章では、日本ではあまり見ることのない、公園としての祭祀の場の活用事例を紹介し、その意義を共有したい。

台湾の神の木「大樹公」

アジアには共通して、森や巨木・老木を祀る樹木信仰の場が存在する。台湾もその一つであり、「大樹公《ダーシュウゴン》」といわれる神木が各地で見られる。李春子氏の著書によれば、大樹公は村の開拓や風水と関わりがあるとされている(李、二〇一一)。台湾では十七世紀より中国大陸からの移住が始まり、村が開拓された。入植時に村を守る土地の神(土地公《トゥディゴン》といわれる)を設ける際、元々あった巨木や老木（大樹公）を選択し、その下に自然石や祠（土地公）を建てて、そこを中心に村を開拓したという。このため、大樹公は土地公と深い関わりを持つとされる。また、水源地や水の流れに関わる風水上の要所に新たに植樹され、大樹公として祀られることもあったという。

一般的に大樹公では、年に一回の祭りがあり、多くの場合は旧暦八月十五日前後に行われる。この日は、参拝、お供え、人形劇などの祭事が営まれ、場所によっては福会と呼ばれる食事会や娯楽行事が実施されることもある。また、大樹公の中には、「義子・義女信仰」が伝わるケースがある。これは、大樹公と十六歳までの子どもが疑似的な親子関係を結び、大樹公が子どもの成長を見守る信仰である。地元を離れても、祭りの時は毎年参拝に来る義子・義女が多くいる。また、伐採しようとした人に祟りが生じたり、水害や戦争時に命が救われた、というような特別な謂れを持つ大樹公もある。大樹公には、細部は違えども、日本に伝わる祭祀の場と共通する点が多々あり、興味深い。

大樹公の管理には、個人が担っているケースと管理委員会が関わっているケースがある。管理委員会は、台湾における道教ないし民間信仰の神を祀る廟や祠を管理するための組織である。委員の人数や選出方法は場所によって様々であるが、「里」とよばれる行政単位の中から数年に一回の選挙で委員を選ぶことが多い。里は区の下位に位置付けられる台湾の行政区分で、里がコミュニティの基本単位となっている。

また、二〇一九年に筆者らが台湾中部の台中市で調査をした際は、現地で訪れた二一カ所すべての大樹公が市の保護樹木に指定されていた。保護樹木に指定されると、一定の太さの幹を伐る際に台中市の許可が必要となり、台中市が剪定、倒木や病害虫に対する処置などの生育管理について対応する。大樹公が、公的なサポートを受けるべき一定の価値を認められていることがわかる。

大樹公の公園化の事例

筆者らが二〇一八年から二〇一九年にかけて現地調査した中から、大樹公が公園と一体的に整備された事例を紹介する。行政による土地所有や管理ではない事例もあるが、公衆が憩いまたは楽しむために公開されており、実質的に高い公共性が認められるものは含めた(UEDA and CHUANG、二〇二〇)。

茄苳王公(台中市西区)(写真10－1、口絵6、図10－1〈224ページ〉)

大樹公は株立のアカギ(茄苳)の巨木で、「茄苳王公」として祀られている。敷地面積は三〇〇〇平方メートルを超えており、台中市と管理委員会との協議を重ねて整備された公園内には、広場やビオトープ池が設けられ、近隣住民の参拝や休憩のほか、幼稚園や小学校の遠足、環境学習の場としても利用されている。祭事の時には多くの義子・義女が遠方から訪れ、福会も催される。土地は茄苳王公の廟が建つ部分のみ管理委員会が所有し、茄苳王公を含むその他の敷地は台中市が所有する。日常管理は主として管理委員会が担っているが、個人による自主的な清掃活動や、台中市によるビオトープ池の清掃活動も行われている。

また、樹木の生育管理については、管理委員会、台中市、専門家で構成される協議会で検討され、台中市と管理委員会による防火訓

写真10－1　茄苳王公

練や薬剤散布の共同作業など、協力体制が整っている。

なお、茄苳王公が立地する後龍里の全世帯に対して筆者が実施したアンケート調査によると、茄苳王公に関して「緑の豊かさを感じるか」「景観的な目印になっているか」「生物の生息場所になっているか」「住民同士の交流の場となっているか」といった質問に対し、八割以上の住民が肯定的な回答をしていた。大樹公が地域の核として多面的な役割を発揮していることが窺える。

五福臨門神木（台中市石岡区）

この大樹公は、クスノキの巨木のほか、三種の樹木で構成されている。一九

図10−1　茄苳公園の概況図

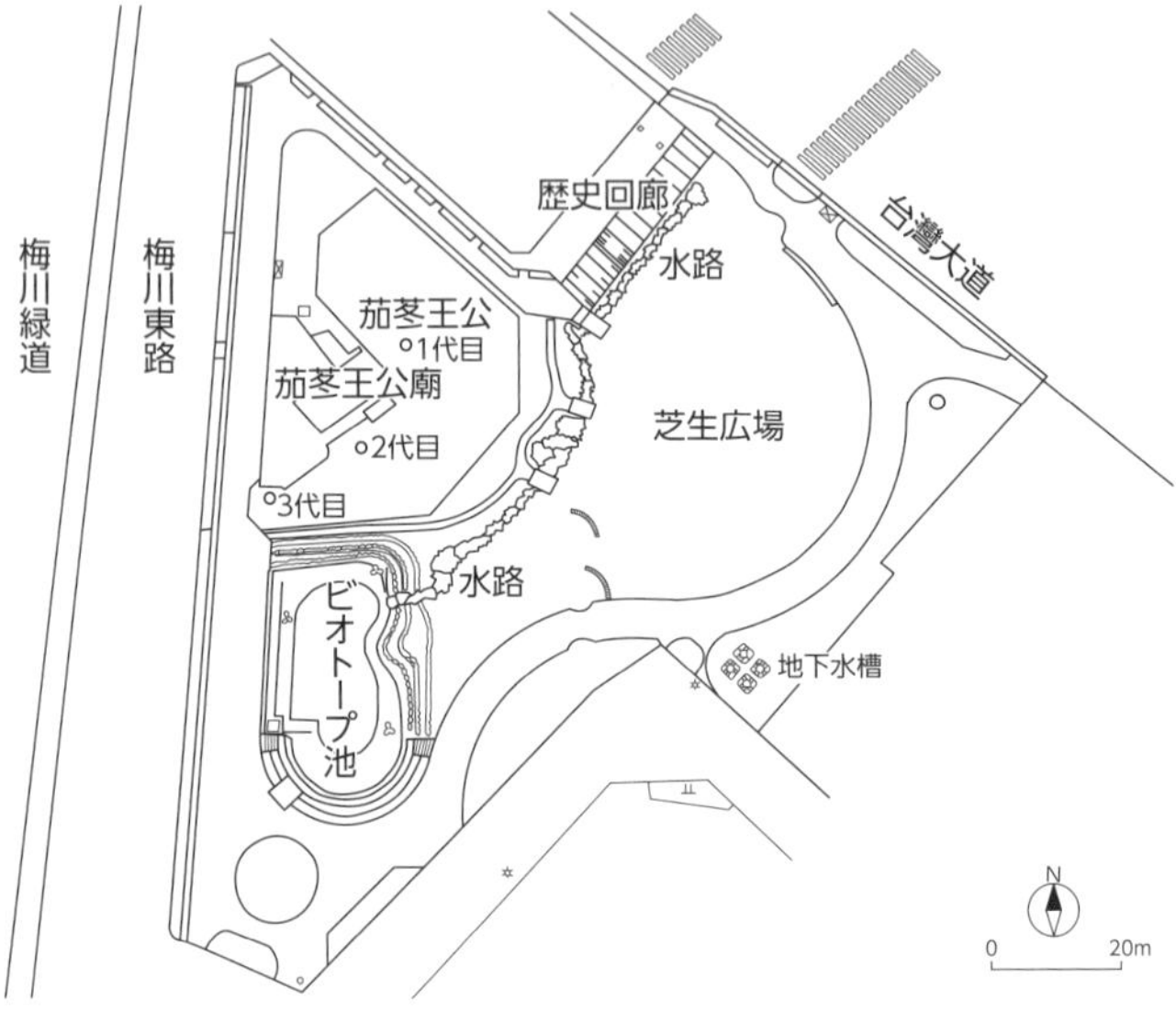

七六年に蔣経国元総統によって樹木に命名がされ、美しい景観から観光地として知られている。敷地面積は一〇〇〇平方メートルを超え、参拝以外に人々が憩う公園として休憩所や植栽が整備され、週末には市場も開催されるという。祭事は年に一度開催される。土地所有は台中市であり、台中市が近隣に住む個人に管理費を支払っているほか、台中市が定期的に募集するボランティアによる清掃活動も行われている。

澤民樟公樹（台中市后里区）（写真10－2）

この大樹公は株立のクスノキの巨木で、美しい樹形から李登輝元主席によって命名され、観光地として知られている。バスツアーの観光客が訪れるため、周辺には土産物など

写真10－2　澤民樟公樹

の店舗が並んでいる。

観光のほかに、近隣住民の参拝や休憩、小学校の遠足や学習の場にも利用されている。祭事の際には、台中市内から多くの「義子・義女」が訪れ、数万人の人出になるという。土地所有や日常管理は主に管理委員会が担っており、寄付によって管理費が賄われている。

日月神木（台中市后里区）

クスノキとガジュマルの二本の巨木が大樹公で、毎月一〜二台のバスが訪れる観光地として知られる。近隣住民の参拝や休憩、子どもたちの遊び場に利用され、祭事や福会も行われている。日常管理は管理委員会と個人により行われているが、土地は管理委員会委員長の個人の所有であり、管理費も委員長が私費で負担している。

大衆爺廟の樟樹公（南投県集集鎮）（写真10－3、図10－2）

大樹公はクスノキの大木で、殉難軍人の霊を祀った大衆爺廟とともにある。大樹公を中心に公園として整備されており、人々の憩いのための休憩舎や運動のための広場、祭りやイベントの際に使われる舞台も設置されている。近くの小学生が遠足で訪れることもあり、祭りの福会は多くの人で賑わうという。管理委員会によって日常的な管理がなされている。

写真 10 − 3　大衆爺廟の樟樹公

図10−2　大衆爺廟のある清水渓公園の概況図

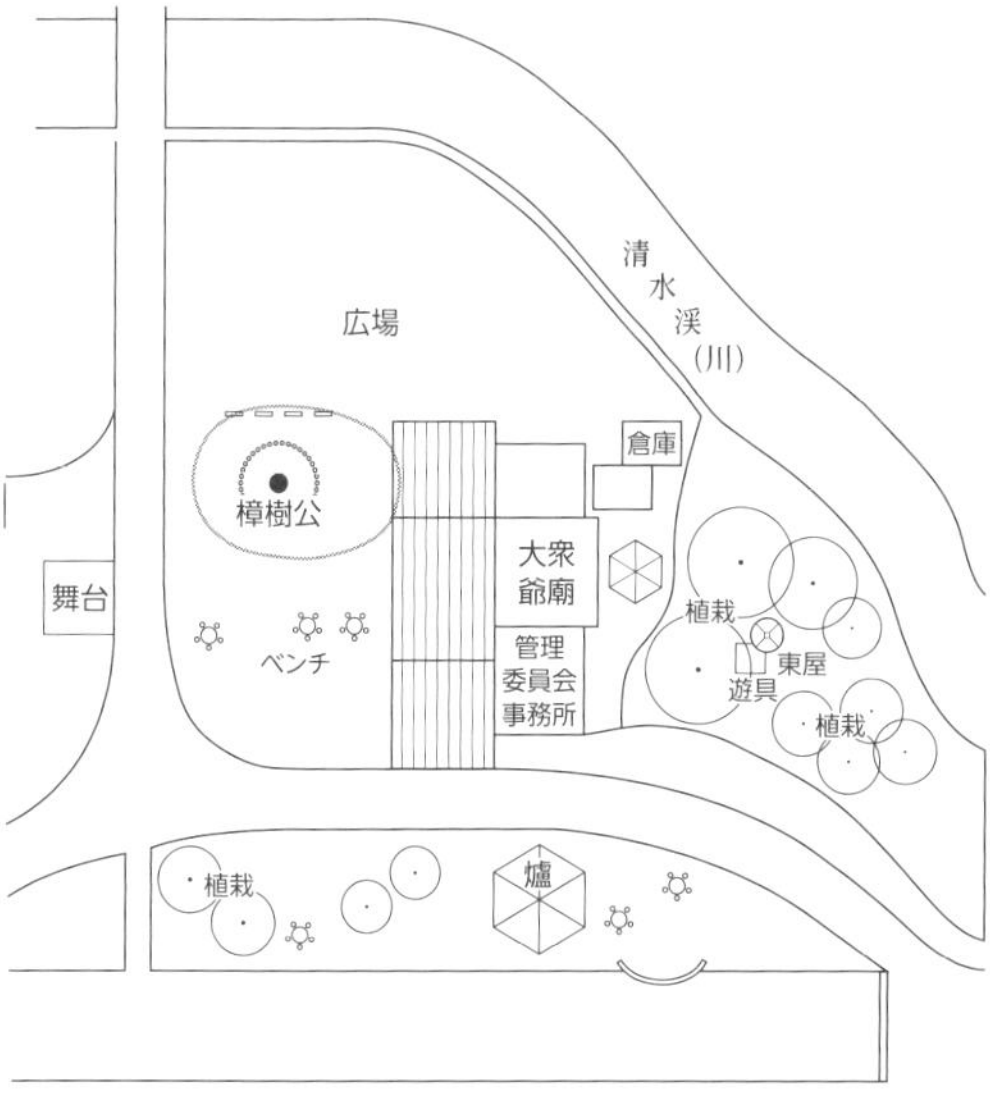

管理者の一人に土地の所有を尋ねたところ、「ここは大衆爺公の持ち物になっている」と真面目な顔で答えられた。大衆爺公の土地証明書もあるといい、どうやら廟の部分は大衆爺公の所有で、周囲の公園部分は行政の所有となっているらしい。

大樹公の公園化がもたらすもの

これらの事例を見ると、大樹公と融合した公園が様々な側面で地域社会に寄与していることがわかる。まず、環境的な側面として、大樹公が遠足や環境学習の場として利用されていること、地域のランドマークとなっていること、大きな緑陰により快適な休憩の場となっていることが挙げられる。また、社会的な側面としては、地域住民の日常的な交流の場、祭事や福会などの非日常的な交流の場として、大樹公が地域コミュニティの拠点となっている点が指摘できる。さらに、大樹公がバスツアーなどの観光資源になっている点も興味深い。

管理面では管理委員会の役割が大きいが、樹木の生育管理については保護樹木の指定も相まって、公園の樹木として行政が一定の管理をしている。日本では、天然記念物や保存樹に指定されている巨木や名木のほとんどが神社にあり、公園には存在していない。大樹公の事例は、地域で古くから親しまれてきた巨樹や名木を健全に育て、後世に伝える場としての公園の役割を教えてくれている。

日本では、政教分離の考えから祭祀の場に行政が関与しにくい状況がある。しかし、祭祀の場は単なる宗教施設ではなく、環境的・社会的な側面から地域社会に寄与し得る公益性の高い場所である。その価値をより多くの人々が享受できるよう、社会が移り変わっていくことを願っている。

八重山の御嶽の公園化

国内、沖縄県石垣市においても祭祀の場の公園化に関わる事例があり、本章での議論を深める参考として紹介したい。

石垣市新川の住宅地の一角に、都市公園「長崎公園」がある。この敷地の大部分が、長崎御嶽（ナースクオン）の敷地となっており、入口には鳥居、奥には神庭、拝殿、イビと周囲の樹林などの御嶽の基本的形態が広がっている。その周囲には、緩やかな曲線を描きながら石垣風の壁で境界を設け、遊具やトイレ、ベンチなどの施設が配置されている（口絵7）。視覚的には御嶽と公園が一体化しているが、御嶽の神聖な領域へは緩やかに利用を制限する、デザイン的な解決がなされている。まちの貴重なオープンスペースとして、散歩をする人や子どもたちが遊ぶ姿と、御嶽の荘厳さが共存しており、祭祀の場が公共性を有する可能性を感じる事例である。

しかし、同様に公園化がなされている石垣市登野城《とのしろ》の「天川公園」の天川御嶽（アーマーオン）は、本土の神社のように開けた広場に拝殿がむき出しに建ち、すぐ隣にはカラフルな複合遊具が設置され、御嶽らしい厳かな風格を備えているとは言い難い。また、石垣市大川の「大川公園」の敷地は、大石垣御嶽（ウシャギオン）の敷地と同義となっており、一般利用を想定していないデザインとなっている。このように、祭祀の場として神聖で厳かな雰囲気（その空間が本来持つべき本質的な価値）と社会的公共性とは、同居することが非常に困難であることが窺える。神宿る隣の自然の活用に向け、その場所の本質的価値をどのように捉え、地域社会の公的機能としてどのように位置づけられるのか、統一見解はなく、地域ごとに議論を積み重ねていくよりほかない。これらの事例が、どのような背景や地元の意思決定に基づき公園整備に至ったのかについて引き続き調査し、知見を蓄積していくことが今後の課題である。

第11章 祭祀の場の今後のあり方

角野幸博

カミなき時代の祭祀の場

「祭祀」と「祭り」を厳密に区分することは難しいが、神職等限られた人間が社殿等の聖域内で行う祭祀と、氏子が参加して行う一般祭祀、そして不特定多数の観客が関わる祭りがあることを理解しておこう。また本章では、日本古来の神道《しんとう》と各地で伝承されてきた民俗信仰を主な対象とするが、地域振興策としての祭りやコミュニティ活動にも議論の枠を広げるとともに、祭祀が行われる場の生活空間としての価値についても考えてみたい。

祭祀や祭りへの関心は、民俗学や宗教学が先行した。柳田國男は、日本の伝統的な祭りが、物忌み、神霊来臨、オコモリ、神人共食、後宴を構成要素とすると説明したうえで、祭りのなかでも「特に美々しく花やかで、楽しみの多いもの」として祭礼を定義し、「見物と称する群の発生、即ち祭の参加者の中に、信仰を共にせざる人々、言はゞたゞ審美的の立場から、この行事を観望する者の現はれたこと」をすでに指摘している（柳田、一九四二）。

また米山俊直は、祇園祭等の実態調査をふまえて、都市の祭りの特徴を以下の五点にまとめている（米山、一九八六）。①見られる祭りである。②絶えず様々な工夫・趣向が加えられる。③風流の中に創作性が認められる。④主に夏が中心で疫病、厄災を除くことが起源である。⑤行政主導の祭りやスポーツイベント等、宗教からの離脱と世俗化が起こる。

さらに彼は、都市の祭りの必須項目として以下の五点を挙げる（米山、前掲書）。①五つの要素：決まった時と場所、シンボル、変貌した空間、祭壇と儀礼、参加者。②四つの必要：老若男女全階層の参加、資金、演出、伝統。③三つの社会関係：血縁、地縁、社縁。④二つの時間区分：日常（ケ）と非日常（ハレ）。⑤一つの目標：ふだんのつきあいを超えた人々の心の連帯の回復。

園田稔は、祭りは「祭儀（ritual）」と「祝祭（festivity）」とで構成されるとする（園田、一九九〇）。祭儀は「日常に内在する規律を極端なほど厳密に強調した行為を通して日常性を超える方式」であり、祝祭は「日常の規律を逆転する破壊行為に徹して日常性を突破する方式」と説明する。また祭儀は「形式の強調による俗から聖へのコミュニケーション」であり

「強度の禁欲的犠牲と厳しい節度が重んじられ、正装のうちに社会的秩序が徹底して表現される」のに対して、祝祭は「演技による聖から俗へのコミュニケーション」であり「異様な服装や化粧が日常の社会的地位を隠し、祭りの象徴的役割を演じるための変身を可能にする。祝祭の様相は集団的高揚による交歓」と述べる。

米山や園田の指摘は、現代都市における祭祀および祭りの場の構造と運営体制を考える際の重要な視点だったが、現代人の生活のなかでは、祭祀や祭りに関わる場と機会はいっそう大きく変化しており、とくに観客を呼び込む祭りは、地域活性化の資源や手段としても意識されがちである。しかしその一方で、祭祀の本来の意味や目的が曖昧になるとともに、祭祀を司る主体や祭祀を支える住民組織の減少が大きな課題となっている。地域の伝統産業や生業は、伝統的な祭祀と深く関わることが普通であった。

ところが、こうした仕事に就く人が減って地域社会との紐帯が弱まるなかで、今まで受け継がれてきた祭祀の多くは、従来と同じような形での継続が難しくなっている。都市であれ農山村であれ、近代化とともに伝統的な祭祀の形態とそれを支える仕組みが変わってきている。本書で多く取り上げられてきたのは、このような地域社会の祭祀の場である。社会構造が変化するなかで、祭祀そのものの意義と価値を見直すとともに、祭祀の場として保全され継承されてきた場の存在価値ならびに使用価値を再評価する必要性に迫られている。そこでは従来から認められている価値に加えて、新しい価値を見出すことも重要である。大げさなことをいえば、カミなき時代の祭りの場のあり方を問い直すこと、祭祀空間を再評価するというのは、近代におけるもう一つの日本の発見を試みることなのかもしれない。

祭祀の場の現代的価値

祭祀の場の現代的価値について、「固有の地域文化としての祭祀自体の価値」「地域コミュニティの交流・結束の場としての価値」「生物多様性を支える緑のオープンスペースとしての価値」の三点から整理してみたい。また祭祀が実施されるハレの時空間の意義と、ケの時空間すなわち普段の生活における祭祀の場の価値という視点からも考えてみたい。

日本人は無宗教とよく言われるが、決してそうではない。今も正月三カ日だけで数千万人の日本人が初詣でをする。お盆の墓参りもいまだ年中行事として根強く残る。初詣でや墓参りは一年の節目ごとに自らの生活を振り返り将来をうらなう機会となっている。冠婚葬祭は人生の通過儀礼であると同時に、祖先とのつながりや血縁関係の再確認をする機会でもある。ただし婚礼や葬礼は、イエ制度を基本として地域との関わりを強く持っていたものが、婚礼はイエとイエとの儀礼からヒトとヒトとの個人的儀礼へと変化し、葬礼も家族葬の増加に見られるように、簡素化や個人行事化が進んでいる。祭祀の個人化へのシフトが進むという状況のなかで、祭祀の場の空間的価値を改めて整理しておく必要がありそうだ。

産業構造の転換が進んだとはいうものの、今も農山漁村《のうさんぎょそん》では伝統的な祭祀と生業との関係は極めて深い。五穀豊穣と厄災回避を願うなかで地域固有の伝統芸能や伝統工芸が育ち、今に伝えられてきた。個人行事化へのシフトの影響を受けているとはいうものの、地域社会の祭祀空間の大半がコミュニティに支えられていることは事実である。住民の多くが地元の神社の氏子になっていて、輪番制で祭祀の中心的役割を担う例も少なくない。一部の有名な観光地を除くと、都市の祭りのように見物だけの参加者は少なく、多くの住民が関係者や当事者になる。毎年繰り返される祭りの準備は、地域コミュニティの結束の機会である。また祭りの場所は、普段は子どもたちの遊び場や高齢者の憩いの場にもなっており、住民たちは役割を分担しながらその維持管理に携わってきた。そして祭礼の時には、明確な役割分担のもとで世代を超えて総出で取り組むことが多く、都会に出ていた出身者も帰ってきて重要な担い手となる。このように祭祀の場は、祭礼の運営や普段の維持管理を通じて地域コミュニティの結束を確認する場であり、本来の意味での「コモンズ」として機能してきた。こうした機能や維持管理のシステムが、人口減少と高齢化によって継続が危ぶまれているのである。

本書で繰り返し指摘しているように、祭祀や祭りの場の多くは都市における貴重な緑を担保する場でもある。古くからの植生を今に伝える社叢林ばかりでなく、明治神宮（東京都渋谷区）の杜のように新たに生み出された豊かな緑もある。また、大阪市の上町台地に帯状に連なる寺院群は、単体としてではなく群として、市街地における緑の価値を高めている。

オープンスペースや緑の空間としての価値は、誰にも理解されやすい。薪炭林や山菜取り等の場として生活を支えてきた里山と並んで、一定の禁忌をも含む鎮守の森は生物多様性を確保する貴重な場となることもあった。鬱蒼とした常緑樹でおおわれる鎮守の森は、豊かな山林農地をもつ農村集落にあっても、周辺とは簡単に峻別できる独自の存在感を示している。

市街地にある神社の本殿は一種のブラックボックスであっても、それを取り巻く境内は、貴重なオープンスペースである。そしてそこはただのオープンスペースではなく、都市空間が新陳代謝を繰り返すなかでの不変・不動の場と理解することもできる。そこに来ると周囲とは異なる時間がゆっくりと流れる。また固有の伝統文化を伝え楽しむ空間であるばかりか、大阪市中央区道修町《どしょうまち》の神農《しんのう》さん（少彦名《すくなひこな》神社）のように、日本医薬総鎮守としてまわりの製薬会社にとっては社業を支える精神的拠り所となることもある。

大阪市北区曽根崎のお初天神（露天《つゆのてん》神社）の参道はオフィスビル低層部の壁を穿《うが》ち（写真11―1）、境内には飲食店ビルが軒を接する。そこでは聖と俗とのコントラストが独特の風景を呈している。他にも超高層ビルと神社が共存する再開発事例は各地で見られる。

祭祀の場は祭礼時と日常時とでは異なる様相と機能を呈する。ゲシュタルト心理学の説明になぞらえれば、普段は都市の「地」の一部分である祭祀空間は、祭礼時には「図」として人々の注目を集める。粛々と神事が行われる一方で、晴れやかな様相に彩られる。神籬《ひもろぎ》が設置され、山や鉾や山車《だし》が登場する。普段は比較的静かな御旅所《おたびしょ》にカミが訪れる。幔幕《まんまく》や提灯が並んで街並み全体が華やいだ雰囲気になる。その同じ場所で定期的に祭礼が行われることによって、市民はその存在を改めて認識し、場合によっては普段の維持管理のための収益を生み出すことにもつながる。だが、仮に「図」になる祭祀の機会がなくな

写真11－1　お初天神参道のオフィスビル

ったとしても、その場所は「地」としての機能、すなわち都市のなかのオープンスペース、あるいは生態系の保全に資することに変わりはない。

祭祀の場であることの意味

祭祀の場が観光資源化することも少なくない。観光化は祭祀とその空間的価値を弱めることもあるが、コミュニティの内部に閉じていた祭祀空間が、観光地として整備されることによって将来にわたって存続が保証されることもある。沖縄本島・南城市にある斎場御嶽《セーファウタキ》では、何の変哲もない小径をたどっていくと、岩と岩との間を導かれながら次第に奥に誘われる。最後に大きく岩が傾いてぽっかりとあいた三角の隙間の向こうに海が見え、沖合に聖なる島とされている久高島《くだかじま》を遥拝する。そこは沖縄の御嶽のなかでも最も重要な聖所であり、以前は部外者がみだりに入ることを拒絶するような場所だったが、観光地として整備されることによって、国や自治体からの支援を受けて未来にも継承されるようになった（写真11－2）。

まちなかのオープンスペースとしての祭祀の場は、ふだんは憩いの場であるとともに、自然災害や都市災害の際には防災拠点や避難場所となる可能性がある。そこに緑があれば、

写真11－2　斎場御嶽

様々な生き物の生息場所になることも容易に想像できる。だがこうした役割だけなら、一般の公園緑地や広場とあまり変わらない。そこが祭祀という行為を行う、あるいは行っていたということが、ある特別な意味を与える。単なる緑のオープンスペースというだけではなく、伝統文化を支えコミュニティの形成と確認の場となってきたことが、一般の公園緑地と異なる価値を生み出すのではないだろうか。

その場で今も何らかの祭祀・祭儀が行われるのであれば、普段も聖域としての価値が尊重され、祭祀が執り行われる間はさらに聖性が強まる。ケの時にも、ハレの時に形成される価値が意識されるのである。祭祀を行うには、それを支える組織や地域コミュニティが日常的に存在し、伝統文化や民俗芸能が育まれてきたことも忘れてはならない。祭祀の伝承のための世代間の教育、交流機能も存在し、こうしたことの蓄積によって、人によっては特別な意味をもつサードプレイスとなっていることもあるだろう。

すでに祭祀の場としての機能を失ってしまった場合はどうか。祭祀が営まれなくなった後も、その記憶が地域住民のなかに遺されている限り、一般のオープンスペースとは異なる価値を生み出す可能性がある。またその記憶をもとにして、祭祀の場とは異なる役割を得て新たなコモンズとなったり、新たな観光資源になったりするかもしれない。

祭祀の場のリ・デザイン

もともと祭祀の場は、その種類や性格に合わせてデザインされていたはずだ。地形や木々や巨石には、それが自然のものであっても特別な意味が与えられた。それらの存在をふまえたうえで、参道や建造物がデザインされ空間が分節されて、それぞれの場所に意味が与えられた。時を経て祭祀の方法が変化したり祭祀そのものが行われなくなったりするなかで、本来の意味や記憶が薄められることもある。本来の意味と空間構成を意識しながら、現代の生活空間における新たな価値を創造するデザインが求められる。

祭祀の多くは主催者の権力や財力、運営体制の充実度によって拡大縮小を繰り返してきた。本書で紹介された祭祀も、コミュニティの弱体化や高齢化によって簡略化や合理化が避けられなかったものが多い。祭祀が行われているかどうかにかかわらず、高密化が進む現代都市では、建物のない空っぽの空間自体が大きな価値をもつことは明らかだが、祭祀の記憶を伝えることによって、その場の価値をより高めるデザインはできないだろうか。かろうじて遺されてきた祭祀の場を現代の生活空間に適合するよう、リ・デザインすることを検討してはどうか。こうした問題意識をもって、伝統的な祭祀の場が現代都市にどのように遺されているか、さらにはどのような変化をとげられそうかを概観してみると、以下のようなタイプがあることに気付く。

第一は、土地の高度利用に伴う敷地の再編である。都心の社寺では広い境内の一角にビルを建設して賃料収入を得て、祭祀の場を維持管理するための安定収益を図る事例がある。境内の面積は狭くなるが、確保された貴重なオープンスペースは、周辺の喧騒から隔絶された、誰もがほっとできる聖域として存在感を高める。また土地区画整理事業のなかでも、工夫次第で身近な祭祀の場を遺すことができる。兵庫県淡路島の淡路市富島《としま》地区では阪神・淡路大震災からの復興土地区画整理事業が行われた。漁村集落特有の高密度なまちなかを復興させるなかで、古くからあった社や祠に、新たなポケットパークや駐車スペースを隣接させることによって、互いの使い勝手を高めることに成功している（口絵8）。

第二は、モニュメント化である。祭祀空間のデザインの過程そのものがモニュメント化の過程であったというとそれまでだが、祭祀が簡略化されたり行われなくなったりするのに対して、もとの祭祀空間とその記憶をモニュメントとしてリ・デザインする。そして祭祀の形式をそのモニュメントを使ったものに変更したり、祭祀の記憶をモニュメントにとどめたりするという方法である。たとえば、怨霊や死者の霊を鎮めるために造られた塚は、当初は宗教的な意味合いが強かっただろうが、時代を経るとともに記憶をとどめる記念碑となっているものが多い。大災害の慰霊碑や慰霊施設のように、近年新たに生まれた祭祀空間なども、数十年、数百年後の姿を想定した継承の方法を意識しておく必要がある。また、どのようなモニュメントも、記憶を継承できる語り部がいなければその価値を伝えられないことは、言うまでもない。

第三は、コンパクト化である。コンパクト化によって生活空間との共存を図る例は数多い。古い市街地の街角などに今も残る地蔵の祠や小さな社は、その代表例である。オフィスビルの屋上に御稲荷さんが祀られている例を時折見かけるが、社業の発展を祈念する場としての機能は今も継続している。また、冠婚葬祭が地域共同体から離れて、個々の家族や個人で行う傾向が一層進むことが予想されるなか、霊園や墓地のコンパクト化が先に進んでいる。祭祀一般のコンパクト化がさらに進むと、彫像やレリーフ、パネル等にアイコン化されるかもしれない。

第四は、現物保存または部分保存である。京阪電車・萱島《かやしま》駅（大阪府寝屋川《ねやがわ》市）のホームには、巨大なクスノキが地面から屋根を突き破って屹立《きつりつ》する（写真11－3）。鉄道高架に伴って高架下となった萱島神社の御神木である。祟りを恐れて残されたのかもしれないが、生きた巨木の力を存分に見せる。道路の真ん中に遺された巨石など、他にも各地に類似例がある。

第五は、仮設空間化である。祭祀空間の歴史をさかのぼると、もともと仮設で行われていたものが常設化し、大規模化していったととらえるのが妥当かもしれない。だが、維持

写真11－3　京阪電車・萱島駅ホームのクスノキ

管理の課題や担い手の変化のなかで、常設の施設として維持し続けるのではなく、普段は異なる用途や機能を有しながら、祭祀の時は仮設の聖なる場を設《しつら》えるということである。もともと祭祀の多くは季節や一日の変化と深い関わりがある。一年、季節、朝昼夜といった時間のデザインとも関連することから、時間をシェアしてハレとケを使い分けるという空間利用方法が今以上に普及するかもしれない。

第六は、記憶保存とでも呼ぶべきものである。すでに空間や施設としての実態は消えてしまっているが、いわれや言い伝えとして継承されている例で、固有の空間保存というよりも当該地区のイメージ形成に資する。祭祀の理念やデザイン要素が他の施設や空間デザインに遺されることもあるだろう。

祭祀の場のマネジメント

祭祀の場の変化は、担い手の変化に伴って否応なく進んだという見方もできる。担い手が減少するなかで、地域社会の祭祀および祭祀の場は、今後どのように維持されるのだろうか。

まず土地所有形態から考えてみたい。宗教法人が所有しているのであれば、その権限と責任のもとで管理運営がなされるだろう。国公有地になると、政教分離の原則によって宗教的行事は制限される。祭祀の場ではなく、公共空間あるいは公園緑地としての活用が強調され、地域固有の伝統行事という位置付けのなかで実施が認められることになるだろう。民有地の場合は土地所有者の意向が強調されることは言うまでもなく、所有権の移転などによって将来にわたって祭祀を担保することが難しい。そして、地域共同体が所有し管理する入会地の場合はどうか。本書で取り上げてきた祭祀の場はこのタイプが中心であり、共同体の構成員が高齢化したり減少したりするなかで、祭祀の実施や日常の維持管理が難しくなる。共同体の財産として、それを別の用途に活用したり売却したりという案が出てきても不思議ではない。このように、いずれの所有形態であっても、従来と同じ体制で継続することが困難になるおそれがある。

土地の所有形態や地域コミュニティの実態に応じて、マネジメントの方法を探る必要がある。そのうえで、祭祀の場という機能をどこまで尊重するかが課題となる。現代の地域社会において、伝統的祭祀の簡素化や簡略化は基本的な流れである。その背景には祭祀そのものの意味の変化と担い手の減少がある。しかしながら、その場所を一般の公園や緑地とまったく同等のものととらえるには抵抗がある。祭祀が行われている、あるいは行われてきたことを、その場所の空間価値を高めることにつなげる工夫が求められる。すでに紹介したように、斎場御嶽は沖縄の民俗信仰の聖地であり、そのことが地元住民の誇りと観光価値を高めている。聖地あるいは名所であることの誇りが地元住民の積極的な関心を引き出し、次代にその場を継承することにつながる。限られた日時であったとしても、そこで祭祀が執り行われるかどうかが重要なのである。

世界文化遺産級の価値がどんな祭祀の場にも認められるというわけではないが、地域固有の文化的遺産あるいは文化的景観など、何らかの認定を行ってその価値を共有できれば、収益や寄付金収入を得られる道もある。収益をあげることが必要条件ではないとしても、安定した管理運営システムを構築するためには重要な視点である。祭祀空間を維持するために祭祀を実施するというのは本末転倒とのそしりを免れないが、仮設・常設を問わず、実際に祭祀が行われることは、場所の価値を高めて安定した管理運営を行うことにつながる。先在するものへの深い敬意と、その空間的価値が、質の高い管理運営を保証する。

祭祀の場をとりまく空間の重層性も意識する必要がある。多くの宗教において聖域は、段階的に構成される。最も聖なる場所は最奥部にあり、それを幾重ものレイヤーが取り囲み、結界で区切られる。仮設の祭祀空間であっても事情はほとんど変わらない。祭祀の周縁部では来訪者を相手にした収益事業が行われることも多い。多くの社寺の門前町はまさにそのような構成をとり、収益事業も階層性をもつ。たとえば香川県琴平町の金刀比羅宮《ことひらぐう》では、参道の石段に面していくつもの土産物店と飲食店が軒を連ねるが、境内の大門内では「五人百姓」（写真11－4）と呼ばれる五軒の飴屋だけが加美代飴《かみよあめ》（248ページ、写真11－5）という飴の販売を許されている。

公共空間に隣接させるという手もある。前述のように、兵庫県淡路島の富島地区の震災復興土地区画整理事業では、集落内にあった神社や祠の再建に合わせてポケットパークを隣接させて、相互の空間的価値を高めることに成功している。また、一九二四年に開設された京都府立植物園は日本最初の公立植物園であるが、その敷地は、明治時代までは上賀茂神社の境外末社である半木《なからぎ》神社とその鎮守の森を中心とした田園地帯であった。三井家が所有していた農地を京都府が買い上げて植

写真 11 －4　金刀比羅宮の飴屋、五人百姓（提供：琴平町観光協会）

物園となったのだが、今も園内に半木神社が残り（写真11－6）、上賀茂神社の神主が神事を執り行っている。このこと自体が京都府立植物園の個性と魅力を高めることにつながっているように思う。

こうした知恵を、持続が危ぶまれる伝統的なコミュニティにおける祭祀空間の保全と価値向上に応用することはできないだろうか。都市計画制度等の裏付けをふまえたうえで、地元住民だけでなく民間企業を含む各種団体が関与できる仕組みを検討してはどうか。

従来の都市計画制度の大半は土地利用制限を定めるものだが、空間的価値を評価したうえで多様な主体による維持管理を実現するのであれば、様々なインセンティブや規制緩和を含めた検討を行う必要がある。都市公園法の改正をうけて、いわゆるパークマネジメントについては各地で様々な事例があるが、祭祀の内容に応じて、公共施設としての公園とは異なる管理運営の仕組みと組織を工夫するのである。ポイントは祭祀空間を保全することのインセンティブを、どのように実現するかであろう。大規模な社寺やその境内、鎮守の森ばかりでなく、どこの集落やまち

写真11－5　お土産でも人気のこんぴら名物「加美代飴」（提供：琴平町観光協会）

なかにもある、ごく普通の神社境内や路傍の神木などの保存にも活用できる、小さなインセンティブのあり方についての検討が必要である。

写真11－6　半木神社

コラム⑥

中世荘園に由来する「神宿る隣の自然」と地域の変貌、地域らしさの継承

（井原 縁）

　大阪府の南部、大阪湾に面し、和歌山県との境をなす和泉山脈を背後に擁する泉州《せんしゅう》地域に、中世荘園の面影を留める「神宿る隣の自然」が集積したまち、泉佐野《いずみさの》市がある。このまちの基層には、一二三四（天福二）年に九条家領《くじょうけりょう》として立荘された荘園「日根荘《ひねのしょう》」がある。当初の荘域は現在の市域のほぼ全域にわたり、その後現在の日根野地区に該当する日根野村と、土丸《つちまる》・大木《おおぎ》地区に該当する入山田《いりやまだ》村に縮小し、十六世紀まで存続した。

　このような荘園の生産を支える基幹インフラとして構築された灌漑用水路やため池、そして荘民の暮らしと深く結びついた祭祀・信仰の場であった神社や仏堂の多くが、現在も住民生活のなかで生き続けている。これらは一九九八（平成十）年に国史跡「日根荘遺跡」に指定され、その後追加指定を経て、現在は計一六カ所が史跡として文化財保護法に基づく保存・活用の対象となっている。

　ただし、その様相は地区の状況により大きく異なる。日根野地区は、南部の山脈に続く丘陵地との境に広がる平野部に位置する。この地区を含む泉佐野市の平野部全体は、一九

九四（平成六）年の関西国際空港の開港を機に道路や鉄道等の社会基盤整備が進められ、人口が著しく増加して都市化が一気に進んだ。日根野地区の史跡指定地は九カ所、このうち祭祀・信仰の場は五カ所（日根神社、慈眼院《じげんいん》、総福寺、新道出牛神《しんどうでうしがみ》、野々宮跡）である。日根荘の惣鎮守社である日根神社から、農耕牛の無病息災を祈願する民間信仰「牛神信仰」の祠の一つである新道出牛神に至るまで、規模も内容も多様なこれらの場所が、農地から市街地へと変貌していく地区のなかに静かに佇んでいる。その現在の姿からは、相互のつながりは見えにくい。しかし、これらの場所の存在基盤には、気候・風土・暮らし・生業《なりわい》・信仰が全て有機的につながっていた中世荘園時代のこの地域の姿があり、当時の系統の一部は現在も息づいている。各々の立地は、荘園とともに築かれ、現在に至るまで機能し続けている水利ネットワークと密接に関係しており、変容しつつも継承されている祭礼や行事は、水や農耕に関する、当時の面影を留めるものである。

一方、隣接する山間部の土丸・大木地区は全域が市街化調整区域であり、都市化が抑制されて、伝統的な農村景観が継承されている。特に大木地区は、豊かな自然と中世荘園に由来する固有の土地利用のあり方が評価され、二〇一三（平成二十五）年には大阪府初の重要文化的景観「日根荘大木の農村景観」に選定され、行政と地域住民が協議を重ね、面的な保存・活用が進められている。大木地区の史跡指定地は六カ所、跡地も含めるとその

毘沙門堂（大木地区）

全てが祭祀・信仰の場（火走《ひばしり》神社、円満寺、毘沙門堂、蓮華寺、香積寺《こうせきじ》跡、長福寺跡）である。日根野地区とは異なり、変貌のスピードが非常に緩やかな地区ゆえに、これらの場所の存在基盤のつながりは比較的認識しやすい。ただし、都市部への人口流出や高齢化が進む状況のなかで、祭祀・信仰の機能そのものを支える体制の弱体化が課題となっており、その状況は現在の姿に如実に表れている（写真参照）。

先述した通り、本事例は「史跡」という仕組みによって保存されている。しかし、それだけでは万全でない。史跡としての評価の基準は人間活動の痕跡が遺構や遺物、すなわちモノとして確認できることであり、その場所が生きているかどうかは制度上問題ではない。しかし、とりわけ祭祀・信仰の場においては、何よりこの場所が「生き続ける」ことに重要な意味がある。ある地域に暮らす人々が、特別な思いとともに長く大事にしてきた身近な信仰・祭祀の場には全て、その場所に存在する然るべき理由がある。この存在基盤を問い直し、各々変貌する地域社会と環境のなかでも維持できる要素やつながりを検討することは、地域らしさの継承につながる。「神宿る隣の自然」は、このような「地域資産」としての潜在力を秘めている。

〈参考資料〉

大阪府泉佐野市・大阪府熊取町教育委員会編（二〇一八）「史跡日根荘遺跡保存活用計画書」

コラム⑦ ランドスケープ遺産と「神宿る隣の自然」

（井原　縁）

人は古来、自然の恵みを受けて生きてきた。人は自然に感謝し、崇め畏れ、美を感じ、またより多くの恵みを得ようと働きかけ、自然との相互作用のうちに生を営んできたのである。地理的条件と、歴史・文化的条件が絡み合い、その土地、その時代ならではの相互作用が悠久の時のなかで折り重なっていく。結果として、その場所に固有の有り様がランドスケープとして現れるのである。

日本造園学会では、こうしたランドスケープを、将来に継承すべき資産という観点から「ランドスケープ遺産」と称し、全国規模で把握するランドスケープ遺産インベントリー作成事業を実施している。その対象は、庭園や公園に代表されるようなデザインされた空間・景観、生活・生業・信仰等により形成された空間・景観、時代・文化のなかで価値付けられた空間・景観など広範にわたるが、北海道、東北、関東、中部、関西（中国・四国地域を含む）、九州の各支部において、情報の収集と整理が進められている。

その一環として、たとえば関西支部では、人間と自然との関係に着目し、人が居る、人が愛でる、人が営む、人が伝えるランドスケープ資産に該当する対象を抽出している。眼前の風景から、永年にわたる人と自然の関係性を読み解き、その価値を見つめ直すこと。これは、地域らしさの維持・継承にもつながる、日常風景の再発見となり得よう。この観点からは、本書で扱う「神宿る隣の自然」は格別の対象として浮上する。人々を生かす恵みの源泉、人知を圧倒する畏怖の対象、それが神であるならば、悠久の時を経て続けられる神と人との交流は、すぐれてランドスケープ形成の動因となるからである。

風景に魅了されるとき、人々は時間を味わっている。それは、長い年月、人々によって生きられた自然を、これからも生き続けることである。

おわりに

田原直樹

「神宿る森」が問いかけるもの

本書で取り上げた南九州から沖縄地方の始祖的な祭祀の場では、地域による違いはあるが、森が重要な役割を担っている。祭祀の原点となる、神が座す、あるいは去来する（以下、「神が宿る」）のは、地域の自然である樹木や樹林そのもの、あるいはそれらと一体となった空間である。鹿児島におけるモイドンあるいはモイヤマ、八重山のウタキにおけるイビを取り巻く樹林、奄美のノロ祭祀空間におけるカミヤマが、これにあたる。こうした樹木や樹林は、しばしば「モリ」と呼ばれることから、「神宿る森」と呼ぶことにしたい。

森への崇敬は日本各地の神社の特徴でもあるが、神が宿るのが社殿の御神体ではなく、森という自然物そのものであることは、本殿がなく山そのものを御神体とする大神《おおみわ》神社と同じである。自然を信仰する文化の原初的な姿との見方もある。神宿る森は、私たち日本人の自然観の底流にある森を信仰する文化について、私たち自身が知り考える手がかりになるのではないか。私たちはそう考えてきた。それは、私たちの内なる自然観の問い直しに始まり、現代社会において祭祀の場がもつ意味およびその保全、さらには集落や都市の再生のための役割へと広がる可能性がある。本書がその機会となることを願っている。

自然《じねん》の森

第1部では、本書出版のきっかけとなった、鹿児島、八重山、奄美における神宿る森の研究を紹介した。その現状と課題については、第1章から第3章を参照いただくとして、神宿る森は、どのような森なのか、改めて振り返っておきたい。

一つ目のキーワードは、「人為が加わらないこと」を意味する「自然《じねん》」である。大神神社の御神体である三輪山が、古来禁足の山とされていたように、限られた人間以外は近づいてはいけないとされてきた。長い間人手が入らず自然の状態に置かれたため、その地域における本来の植生のあり方に収斂《しゅうれん》したとみられ、自然林に近いものが少なくない。「自然」には、もう一つ「本来そうであること」という意味もある。神宿る森は、字義通り、その土地の自然を形にしたものと言えるだろう。

そのため、神宿る森には、しばしば生態学的価値をもつ植生がみられる。鹿児島県奄美地方や沖縄県では、植物に関する天然記念物指定の多くが、ウタキやカミヤマの植生であるとされる。自然林に近いとはいえ、土地によって条件が違うため、植生にはかなりのバラエティがある。中には、特定の樹種が多くを占める森、アカギやガジュマルなどの巨木が目立つ森など、景観的インパクトが強いものもある。そのため、ともすれば、神宿る森が生まれた理由を植生に求めたくなるが、今見ているのは長く続いてきた神宿る森の現時点での相貌に過ぎないことを忘れるべきではない。神の依代《よりしろ》とされるクバ、精霊がすむといわれるガジュマルなど、信仰と関わりをもつ樹木はあるが、神宿る森は多様な植物によって構成される鬱蒼としたジャングルの相貌をもつことが多い。

以上は、ある程度大きな森であるカミヤマやウタキを念頭においた記述だが、小さなウタキ、モイドンやモイヤマでも、「自然」であることに変わりはない。単独の樹木や数株の樹林の場合、しばしば管理されない藪のように見える。神宿る森は、自然の森と言ってよい。

隣の自然《しぜん》

二つ目のキーワードは、「隣の自然」である。神宿る森は、祭祀を行う地域社会の遠くにではなくすぐ近くにある。すなわち、奄美のカミヤマは集落の背後にある山、八重山のウタキは集落内外のありふれた樹林、鹿児島のモイドンやモイヤマは近所のどこにでもある藪に過ぎない。集落の裏山、地域にありふれた樹林、近所の藪。いずれも身近な自然にほかならない。それは、神が、場所を選ばず、どこにでも宿ることを意味する。私たちのすぐ隣の自然にも、である。それによって、ありふれた自然が、近づいてはいけない、少し怖い存在へと変貌する。神宿る森は、「隣の自然」でもある。森が神と人を媒介するものであること、それゆえに近くて遠い両義的存在であることを気づかせてくれる。現代人の科学的な、いわば無味乾燥な自然認識にはない陰影に富んでいる。

「神宿る森」の意味

神宿る森は、私たちの社会において、どういう意味をもつのか。第2部では、それを考える糸口として、現代社会の主調をなす都市における祭祀の場にスポットを当て、都市化のなかで神社がどのように存続してきたか、神社以外の祭祀の場と言える路傍樹（路傍の御神木）の現状を紹介した。ここでは、議論の背景となる現代の都市と農山漁村（以下、「農村」）における祭祀の場をめぐる状況を概観し、神宿る森の意味を確認しておこう。

「流民の都市」

今から三十年以上前、『流民の都市とすまい』（上田、一九八五）という本が書かれた。「流民」とは、戦後の急激な都市化の過程で、農村から都市へと流入した都市住民を喩《たと》えたもので、言うまでもなく柳田國男の「常民《じょうみん》」をモチーフとした語句であろう。故郷の農村こそが本来自分が帰るべきところで、都市は仮住まいの場に過ぎない。「流民」に込められた著者の意図を言葉にすると、こういうことになろうか。

それから、世代を重ねるたびに、「流民」になぞらえられた都市住民と農村との関係は様変わりしてきた。第一世代にとっての故郷は、第二世代にとってはおじいちゃん、おばあちゃんの住むところ、第三世代にとってはお墓がある場所に過ぎなくなった。そして、次の世代を待つのは、残された最後の絆、墓をどうするかの選択である。先祖代々の墓の危機は、都市と農村の間で繰り広げられた、故郷をめぐる「流民」の物語が、終わりに近づきつつあることを意味する。

東京を筆頭に大都市の人口は引き続き増加している。その中には農村から都市への流入も含まれているから、故郷をめぐる個人的な物語が絶えることは今後もないのかもしれない。だが、農村から都市へ向かう足音が列島全体に轟くような人口流動は過去のものとなった。ひとまず「流民の都市」の時代は終わったのである。

そして今見渡すと、都市には共同で営む祭祀（という文化）を持たない人々が住む、祭祀の場がないコミュニティが広がっている。『流民の都市とすまい』の著者が、流民の住まいの典型としたニュータウンをはじめとする郊外住宅地や団地である。故郷の農村には、伝統的なコミュニティで営まれる祭祀があった。一方、故郷を離れた「流民」には、それがない。都市で生まれ育ち、もはや「流民」ではないはずの世代にも、である。しかし都市に全く祭祀がないわけではない。都市であるか農村であるかを問わず、古くからのコミュニティには、氏神とその祭祀がある。ただ、都市のそれは昔からの氏子を中心とする旧住民によって担われ、新住民が関わることはないのが一般的である。都市の住民は、祭祀をめぐって二分されている。

都市における祭祀の場をめぐる状況を整理してみよう。その特徴は二面性である。一面に、祭祀の場なきコミュニティ。もう一面は、農村と同じ、祭祀の場のあるコミュニティである。第4章、第5章で取り上げた神社は、いずれもこうした祭祀の場であり、歴史の古い市街地や、かつて集落であった地区などが、これに相当する。後者については、この後の「大阪の古集落」の項で改めてふれる。以上二つの異なるコミュニティの併存が、都市の特徴である。その構成比は都市によって異なるが、三大都市圏全体で見ると、総人口に占める人口の割合は、過半数を超え（総務省統計局、二〇二〇）、東京圏では、その四五パーセントを地方出身者が占めている（二〇一六年社会保障・人口問題基本調査、第八回人口移動調査）。正確にではないが、祭祀の場なきコミュニティの大きさがわかる数字である。

「常民のムラ」

祭祀という点では、農村もまた大きな変容を遂げてきた。その要因の一つは、社会構造の変化にともない、現代的なライフスタイルが社会全体に浸透し、農村においても、かつてのような伝統的な暮らしが次第に見られなくなってしまったことにある。その影響は、これまで行われていた伝統行事にも及び、祭祀もまた変容あるいは消失を免れていない。とりわけ生業《なりわい》であった農業の変化が、農耕にまつわる祭祀に及ぼした影響は大きいとみられる。

二つ目は、急激な都市化と表裏一体で進行してきた過疎化と少子高齢化である。近年特に深刻化し、集落の存続自体が危ぶまれるケースが増えてきた。共同体である集落の消滅は、言うまでもなく、祭祀の消滅であり、その場の喪失である。そこまでいかなくても、担い手不足のため、祭祀の大幅な変容を迫られている集落は少なくないとみられる。

以上のように、農村における祭祀の衰退は紛れもない事実であるが、農村から祭祀が消えたわけではない。地域差はあるが、農村は依然として共同体の性格が強く、その紐帯となる祭祀は暮らしの一部として根づいているからである。かつての農村の原像、「常民のムラ」は、濃淡はあるが農村に染み込んでいるとみられる。

農村における祭祀の場をめぐる状況をどう考えればいいのか。祭祀の衰退が祭祀の場に及ぼした影響については一概に言えない面がある。祭祀の衰退と祭祀の場の消失とはイコールではないからである。一例として、第1部で取り上げた鹿児島、八重山、奄美の集落を思い出してみよう。既に祭祀の場が消滅して痕跡だけが残っているもの、場を構成する空間の一部がなくなるなどの変容が見られたもの、空間は残っているが空洞化しているものなどがあった。多くの集落で同様のことが起こっているのは、想像に難くない。農村における祭祀の場の現状を如実に物語るものといえよう。

こうして私たちの社会における祭祀の場を見てくると、「流民の都市」の物語は、「常民のムラ」の解体との並行現象であったことに改めて思い至る。それは、私たちの社会に祭祀の場がない空間を生み、これまで維持してきた祭祀の場も変容あるいは消滅しつつある。そういう意味では、現代は神遠き時代と言うべきかもしれない。そんな時代に、神宿る森はどういう意味をもつのだろうか。忘れてはならないのは、個々の集落には依然として祭祀が生きていることである。農村の祭祀はその総体として見えてくるものであろう。そこに、「常民のムラ」を見る視点に立つとき、神宿る森の意味はおのずと明らかになる。地元の人々だけのものではなく、私たちの社会全体にとっての神宿る森なのである。

「神宿る森」の継承に向けて

どうすれば神宿る森を未来に継承できるのか。改めて言うまでもなく、神宿る森は、単なる森ではなく、祭祀の場でもある。したがって、その継承は、森の保全や活用だけでは十分でなく、祭祀の場を維持することが不可欠になる。それは簡単な課題ではないが、解決への道を見出すために、私たちの手にあるツールを再確認し、その使い方のイメージを描いてみたのが第3部である。したがって、第7章から第10章までの各章はツールの紹介であると同時に、課題解決に向けての選択肢として読んでいただきたい。第11章は、そうしたツールおよび選択肢を、全体としてどのように使い分けるかの見取り図である。

第9章、第10章で述べた通り、森の保全については、文化財保護制度や公園化が一定の効果をあげている一方、課題も明らかになっている。最も大きい問題は、祭祀の場の継承については直接の効果が期待できないことである。また、本来の目的である自然保護についても、常に有効というわけではない。その理由は、特定の基準をクリアしたものしか対象とされないことである。広範囲に対象をカバーするのではなく、すぐれたものだけに絞る考え方には、少々言葉は悪いが、エリートを保存するための制度という側面があることは否めない。したがって、ありふれた自然に対しては別の方法が必要になる。しかし、そうした限界を承知で使えば有用な制度である。たとえば、祭祀の場としては事実上空洞化した森の保存には、きわめて有効であろう。同様のことが、公園化についてもいえる。もとよりすべての森を完全な形で継承することは難しい以上、個別の状況に応じて有力な選択肢となり得る。

とはいえ、祭祀を欠く森は、魂のない抜け殻でしかないのは事実である。「(森が)残ったとしても神はいない」。これは、研究会における一人のメンバーの述懐である。森と祭祀の両方が揃うことが望ましいのは言うまでもないが、一旦途絶えた祭祀の復活は容易ではない。第3章で取り上げた奄美のノロ祭祀空間では、既にノロがいなくなっているケースがみられた。ノロの復活は可能だろうか。そう考えると、場合によっては、祭祀のあり方を変えることによって、祭祀の場を維持する選択もあり得るかもしれない。

第7章は、ニュータウン等の開発によって祭祀の場および祭祀を担う地域コミュニティ両方の変容を余儀なくされたなかで、祭祀のあり方と担い手を柔軟に変えることによって、祭祀を継承してきた事例である。本来祭祀の場なきコミュニティであるニュータウンの住民を巻き込み地域の行事として定着させてきたことは注目に値する。

発想を変えて、森あるいは祭祀ではなく、それを支える地域コミュニティに働きかけ、その活性化を通じて森あるいは祭祀に資する環境を強化、形成しようという選択肢もある。第8章はその一例である。この事例がユニークなのは、地域コミュニティにおいて祭祀の場である神社を中心に形成されてきたネットワークをプロジェクトに活かしたことで、祭祀それ自体に直接踏み込まないにもかかわらず、祭祀に関わるシステムの活性化への寄与も予感されることである。このように、地域再生を通じてコミュニティを活性化し、祭祀およびその場の維持を側面支援するアプローチは今後さらなる発展の可能性を感じさせる。この観点からは、森の保全や公園化も、その手段の一つとなると考えられる。第10章は、台湾の事例であるが、諸外国にも参考になるものは少なくないとみられる。

こうした祭祀の場を活用した地域再生のアプローチが、都市域にも適用可能であることは第7章が示唆している。地域再生に向けては、地域の実情に合わせた適切な選択肢と実現のための戦略が求められる。

大阪の古集落

神宿る森をめぐる問いかけは、ついに地域再生による集落の活性化にたどり着いた。最後の問いは、集落を維持することが、私たちの社会にどのような意味をもつのかである。それを考える一助として、大阪における古集落の研究を紹介したい。「古集落」とは、耳慣れない言葉だが、杉本容子さんが大阪大学博士論文「大都市市街地内古集落における地域環境構造の変容とその持続可能性に関する研究」（杉本、二〇〇五）で提唱した概念である。

関東で生まれ育ち、大学進学を機に大阪に来た杉本さんにとって、遠くから見ていた大阪のイメージは、賑やかで活気がある現代的な大都市であったという。来阪して実際に訪れた都心の印象も、それと大きく外れることはなかった。そして、それが当たり前の大阪になったころ、たまたま調査で訪れた地区で、ある風景と遭遇して衝撃を受けることになる。「えっ、ここが大阪?」。長屋門と築地塀《ついじべい》に囲まれた瓦葺きの屋敷。塀越しに見える大きな樹木。典型的な集落の風景である。そこだけ違う時間が流れているとさえ感じたという。

なぜ大都市大阪にこんな地区があるのか。調べてみると、そこは江戸時代の集落で、明治以降の都市化にともない市街地として取り込まれたことがわかった。かつて集落だった地区は、一般的には「旧集落」と呼ばれる。杉本さんは丹念に旧集落を歩き、集落の面影が残っているところと、すっかり変わってしまったところがあるのに気づいた。何が違いを生んだのか。その答えを出すべく取り組んだのが、大阪における古集落の研究である。かつて二一一カ所あった集落のうち、集落の構造が残っているものが七八カ所（全体の三七パーセント）。それを「古集落」と呼ぶことにした。

求心力のデザイン

古集落が注目されるのは、必ずしも保全を意図したのではないのに残ったためである。つまり「古集落」自体に、集落の環境を維持する力、求心力のようなものが備わっていることになる。それは何か。独断と偏見で、この研究から読み取ると、「屋敷」と「祭り」ということになろう。「屋敷」は集落らしい環境の担保に必要であり、「祭り」は地域コミュニティの統合に寄与する。確かに二つとも重要だが、当たり前に過ぎると思われるかもしれない。

だが、ここで学ぶべきは、保全を厚みとふくらみのあるものとすることの重要性である。物的要素であれば、「屋敷」のような個人に帰属するものだけでなく、路傍の祠や樹木など地域コミュニティの意向に左右されるものとセットにすること、さらに、物的要素だけでなく「祭り」のような非物的要素も加えることである。つまり、「屋敷」と「祭り」が意味するのは、「個人－地域コミュニティ」と「物的要素－非物的要素」の二つの軸に沿って、両方をクロスさせる保全の考え方である。集落の地域再生には求心力のデザインがカギであり、そのためには多面的かつ多角的な戦略が必要であることを教えてくれる。と同時に、そのなかで祭祀およびその場が大きな力となることが改めて確認できた。この事例から得られる教訓は多いが、紙幅の関係で詳しい話は別の機会に譲ろう。ここで見ておきたいのは、「古集落」が大阪に何をもたらしているかである。

古集落が大阪にもたらしているもの

古集落とは何か。改めて述べると次のようになる。

かつての農村集落が、周囲がすべて市街化するほどの都市化による変容を迫られながらも、半世紀以上にわたり、祭祀コミュニティを維持し、集落の景観や環境を継承してきた。これは、まさに本書で私たちが模索している、「神宿る森」の集落の望ましい未来図にほかならない。両者が置かれている状況があまりに違うため、集落の維持のための手法や戦略について比較考察することはひとまずおき、集落が維持され、そこにあることの意味について考えてみよう。古集落について言えば、古集落なくして大阪なし、ということに尽きる。言葉遊びではない。部分がなければ全体がないことは、ジグソーパズルを考えるとよくわかる。古集落の一つがなくなるだけで、大阪は別のものになってしまう。

まず、都市としての歴史がそうである。関連して、市街地の歴史的たたずまい、景観や環境も然りである。祭りは最もイメージしやすいものであろう。大阪の祭りと言えば天神祭り（大阪天満宮）が有名だが、実際には多くの地区に祭りがあり、その多様性に満ちた総体が大阪の祭りを形成している。大阪の祭り文化に厚みをもたらしているのは、こうした祭りの一つひとつであり、古集落抜きに大阪を語ることはできない。

神遠き時代の古集落

本書を終えるにあたり、思い浮かぶ光景がある。大阪の古集落の一つを訪れたとき、たまたま神社に行き合った。祭りが近いのか、建物の扉が開いて、地車が引き出されていた。おそらく稽古であろう、若者たちが忙しく立ち働いており、そのまわりには子どもたちが群がって、その様子をじっと見ていた。いずれ近所の子たちに違いない。都心に隣接する地区だから、高層マンションに住む子もいるかもしれない。親がみんな氏子とは限らない。いわゆるよそ者もいるだろう。彼らは、こうして祭りを学んでいく。考えてみれば、若者もこうして祭りにひき込まれたのかもしれない。休みを利用して遠くから帰ってきた子がいてもおかしくない。ふと腑に落ちるものがあった。これが、求心力の正体なのか。

勝手な想像はこれくらいにして、この光景が改めて見せてくれたのは、神社は、祭りの日だけでなく、いつも地域に開かれており、地域コミュニティの結び目となっていることである。氏子だけでなく、参詣者だけでなく、一見の訪問者にも、である。つまり、これは地域コミュニティにとって第11章で述べたコモンズそのものであり、同時により広い人々のためのオープンスペースでもある。拠り所性と公共性をあわせ持つ場と言い換えることができる。

これまで、祭祀の場が果たしている役割は、宗教施設であるとして、正当に評価されてこなかった。だが、神宿る森は、神遠き時代を生きる私たちの社会にとっての古集落のような存在ではないだろうか。神宿る森が社会の中で生き続けることが、社会を豊かに彩る。私たちがめざしているのは、そうした祭祀の場と社会の関係である。そのためにも、それを支える集落は生き続ける必要がある。前途は多難であっても、地域再生の好機と前を向きたい。それに力を与えてくれるのが祭祀の場ではないか。筆者一同の想いはそれであり、心からの願いでもある。

参考文献

【はじめに】

関連する科研費研究

『伝統的な祭司空間にみる地域の自然生態的インフラの継承システムに関する研究』（二〇一三〜二〇一六）、『地域再生に資する拠り所としての伝統的な祭祀空間のマネジメントに関する研究』（二〇一六〜二〇一九）、『地域再生に資する「祭祀の場」と「公的な場」との統合的マネジメント手法に関する研究』（二〇二〇〜二〇二三）

岡谷公二（一九八七）『神の森 森の神』東京書籍

李春子（二〇一一）『神の木——日・韓・台の巨木・老樹信仰』サンライズ出版

【第1章】

岡谷公二（一九八七）『神の森 森の神』東京書籍

小野重朗（一九五七）『モイドン概説』薩南民俗一〇

小野重朗（一九七〇）『森山の分布構造』民俗研究三

上田萌子・大平和弘・押田佳子・上甫木昭春（二〇一六）『鹿児島県錦江町周辺における「モイドン」の

立地と存続状況に関する研究』ランドスケープ研究　七九巻五号、六五九～六六四頁
上田萌子・大平和弘・押田佳子・浦出俊和・上甫木昭春（二〇一八）『鹿児島県指宿市有形民俗文化財に指定されたモイドンの保全に関する現状と課題』ランドスケープ研究　八一巻五号、五六五～五七〇頁
上田萌子・浦出俊和・大平和弘・押田佳子・上甫木昭春（二〇一九）『鹿児島県指宿市におけるモイドン等に関わる伝統行事の存続状況と継承課題の把握』ランドスケープ研究　八二巻五号、五六七～五七二頁

［第2章］

牧野清（一九九〇）『八重山のお嶽』あ～まん企画
湧上元雄（二〇〇〇）『沖縄民俗文化論――祭祀・信仰・御嶽』榕樹書林
澤井真代（二〇一二）『石垣島川平の宗教儀礼――人・ことば・神』森話社
大平和弘・上田萌子・押田佳子・上甫木昭春（二〇二〇）『八重山の川平・竹富・干立における御嶽の空間と祭事の継承に関する研究』農村計画学会誌　三九巻、二二二～二三一頁
狩俣恵一（一九九一）『竹富島の村落社会と種子取祭り』國學院短期大学紀要　一〇巻、五～九三頁
梶裕史（二〇一五）『竹富島の「文化的景観」を支えるもの：その無形要素の特色についての考察』人間環境論集　一五巻二号、六九～一二三頁
星勲（一九八一）『西表島の民俗』友古堂書店
比嘉政夫（一九九九）「八重山の村と社会――川平の事例から」（国立歴史民俗博物館編、『村が語る沖縄

の歴史 歴博フォーラム「再発見・八重山の村」の記録』）新人物往来社　一一〜三五頁
李春子（二〇一九）『八重山の御嶽――自然と文化』榕樹書林

【第3章】

押田佳子・松尾あずさ・浦出俊和・上田萌子・大平和弘・上甫木昭春（二〇一八）『奄美大島におけるノロ祭祀空間の継承状況に関する研究』ランドスケープ研究　八一巻五号、五七一〜五七六頁
崎原恒新・山下欣一（一九七五）『沖縄・奄美の歳時習俗』明玄書房
湧上元雄・山下欣一（一九七四）『沖縄・奄美の民間信仰』明玄書房
ヨーゼフ・クライナー（一九八二）『南西諸島における神観念・世界観の再考察：奄美の祝女（ノロ）信仰を中心に』沖縄文化研究　一〇号、一五三〜二〇九頁

【第4章】

清水美砂・田原直樹・谷勝紀昭・上甫木昭春（二〇〇四）『名所図会に描かれた大阪の社寺境内地における歴史的緑の変容プロセスに関する研究』環境情報科学論文集　一八巻、一七一〜一七六頁
清水美砂他（二〇〇六）『「摂津名所図会」と「和泉名所図会」に描かれた神社の緑の存在形態とその変化に関する研究』都市計画論文集　四一巻三号、三六七〜三七二頁

【第5章】

兼井美咲・押田佳子・箱谷柊右也（二〇一七）『近代東京における神社境内の信仰的価値に関する研究―

近代新設の神社に着目して―』第六一回日本大学理工学部学術講演会、二〇一七年十二月一日
押田佳子・兼井美咲（二〇一八）『東京都中央区における狭小神社の存続性に関する研究』二〇一八年度日本建築学会大会（東北）、二〇一八年九月四～六日

【第6章】

吉田有里・上甫木昭春・田原直樹・澤木昌典（二〇〇二）『大阪市における路傍樹の現状と継承に関する研究』環境情報科学論文集　一六巻、二〇五～二一〇頁
西川遼（二〇二二）「大阪市における路傍樹の存続状況と公的保全の課題」大阪府立大学卒業論文

【第7章】

伊波普猷・東恩納寛惇・横山重編（一九四二）『琉球国旧記（琉球史料叢書第三）』名取書店、一九六頁
那覇市史編集委員会（一九七九）『那覇市史資料篇第二巻中の七　那覇の民俗』那覇市企画部市史編集室、三四頁
峰岸松三（一九八九）『落合名所図絵』多摩書店
多摩町誌編さん委員会（一九七〇）『多摩町誌』多摩町役場
多摩市史編集委員会（一九九八）『多摩市史　資料編四　近現代』多摩市
金子淳（二〇一七）『ニュータウンの社会史』青弓社
多摩市青少年問題協議会（一九七三～一九七七）『多摩のこども』創刊号～第一一号
多摩市青少年委員の会議（一九九〇）『多摩市青少年委員だより（あすなろ）』No.20、多摩市教育委員会

社会教育課（後に『多摩市青少年委員活動報告書〜2年間の記録〜』第2号に所収）
多摩市教育委員会・多摩市青少年問題協議会編（一九九三、一九九六、一九九八、二〇〇〇、二〇〇二、二〇〇四）『多摩市の青少協と地区委員会ハンドブック』多摩市教育委員会社会教育課（後に生涯学習振興課）
蘆田伊人編集校訂、根本誠二補訂（一九九六）『新編武蔵風土記稿』第五巻、雄山閣

〈調査協力者〉
池田義文　市村昌幸　伊野勝男　伊野正義　川井博之　小礒廣仲　佐伯一九五郎　關口寿也　高田武治　高橋源治　高橋長平　土田敏男　津守範学　根岸義市　根岸満　西尾嘉美　馬場守次　福岡純一　増田貴英　増田匠
多摩市落合中組自治会　多摩市乞田・貝取ふれあい館運営協議会　多摩市乞田八幡青友会　多摩市青少年問題協議会第三地区委員会　多摩市消防団第七分団　多摩市立多摩第三小学校　多摩市立東愛宕中学校　唐澤山吉祥院

［第8章］
宇多高明・三波俊郎・星上幸良・酒井和也（二〇一二）『2011年大津波の災害と被災を免れた神社』土木学会論文集B3（海洋開発）六八巻二号、I四三〜I四八頁
高田知紀・梅津喜美夫・桑子敏雄（二〇一二）『東日本大震災の津波被害における神社の祭神とその空間的配置に関する研究』土木学会論文集F6（安全問題）六八巻二号、I一六七〜I一七四頁
高田知紀・桑子敏雄（二〇一六）『由緒および信仰的意義に着目した神社空間の自然災害リスクに関する

研究―和歌山県下の398社を対象として―』実践政策学　二巻二号、一四三～一五〇頁

【第9章】

寺田仁志（二〇〇〇）『トカラ列島宝島の現存植生と植物相』鹿児島県立博物館研究報告（一九）
寺田仁志（二〇〇七）『鹿児島県奄美大島大和村大和浜のオキナワウラジロガシ林』鹿児島県立博物館研究報告（二六）
寺田仁志・大屋哲（二〇一一）『沖縄県石垣島安良浜のハスノハギリ林について』鹿児島県立博物館研究報告（三〇）
寺田仁志・大屋哲（二〇一二）『鹿児島県宝島「女神山」の森林植生と東海岸の隆起サンゴ礁上植生について』鹿児島県立博物館研究報告（三一）
Myers, N. et al. Nature 403, 853-858(2000), Biodiversity hotspots for conservation priorities

【第10章】

上田篤（二〇〇七）『鎮守の森』鹿島出版会
李春子（二〇一一）『神の木――日・韓・台の巨木・老樹信仰』サンライズ出版
Moeko UEDA and Shih-Tzu CHUANG (2020) The Study of Existence situations of Da-shu Gong Sacred Trees in Taichung City, Taiwan, Journal of Environmental Information Science Vol.2020, No.1, 56-67.

【第11章】

桑江友博（二〇〇九）「都市祝祭祭礼研究・再考」武蔵大学総合研究所紀要（一九）
松平誠（一九九〇）『都市祝祭の社会学』有斐閣
柳田國男（一九四二）『日本の祭』弘文堂書房
米山俊直（一九八六）『都市と祭りの人類学』河出書房新社
園田稔（一九九〇）『祭りの現象学』弘文堂

［おわりに］

上田篤（一九八五）『流民の都市とすまい』駸々堂出版
杉本容子（二〇〇五）「大都市市街地内古集落における地域環境構造の変容とその持続可能性に関する研究」大阪大学博士論文

著者紹介

上甫木昭春（大阪府立大学名誉教授、丹波の森研究所特任研究員）　［はじめに、第4章、第6章］

略歴：鹿児島県鹿屋市出身。大阪府立大学大学院農学研究科修士課程修了。博士（学術）。㈱景観設計研究所、兵庫県立人と自然の博物館主任研究員、大阪府立大学大学院教授等を経て、二〇一九年より丹波の森研究所特任研究員。

専門分野と主な活動：緑地計画学、地域生態学。地域の自然と歴史を手掛かりに、健全な地域環境の形成のあり方を探る調査研究に取り組んでいる。

主な著書・論文：『地域生態学からのまちづくり』（二〇〇九）学芸出版社、『はじめての環境デザイン学』共著（二〇一一）理工図書など

押田佳子（日本大学理工学部まちづくり工学科准教授）　［第3章、第5章、コラム③、コラム④］

略歴：兵庫県神戸市出身。大阪府立大学大学院農学生命科学研究科博士後期課程修了。博士（農学、工学）。大阪府立大学客員研究員、日本大学理工学部研究所研究員、日本大学理工学部社会交通工学科助教等を経て、二〇一五年より現職。

専門分野と主な活動：緑地計画学、観光まちづくり。自然や歴史より地域が持つ魅力を繙き、緑や観光ま

ちづくりの現場に活かすべく調査研究活動を進めている。
主な著書・論文：『ｅｃｏ検定　超速マスター　第四版』（二〇一四）TAC出版、「近代鎌倉における古都観光の継承状況に関する研究」（二〇一三）ランドスケープ研究　七六巻五号など

上田萌子（大阪公立大学大学院農学研究科准教授）

〔第1章、第6章、第10章、コラム⑤〕

略歴：大阪府立大学大学院生命環境科学研究科博士後期課程修了。博士（緑地環境科学）。（公財）京都市景観・まちづくりセンター、兵庫県立人と自然の博物館研究員、大阪府立大学大学院生命環境科学研究科助教を経て、二〇二二年より現職。
専門分野と主な活動：造園学、緑地保全学。緑の文化資源の保全や緑地環境保全と市民協働などの研究活動に携わっている。
主な著書・論文：『絵図から読み解く近世大坂三郷周辺地域の環境』共著（二〇一二）埋立都市大阪研究会、「兵庫県尼崎市南部における工場に存在する神社緑地の特性」共著（二〇二二）ランドスケープ研究　八五巻五号など

大平和弘（兵庫県立大学自然・環境科学研究所講師、兵庫県立人と自然の博物館研究員）

〔第2章、第10章、コラム②〕

略歴：兵庫県出身。大阪府立大学大学院生命環境科学研究科博士後期課程修了。博士（緑地環境科学）。独立行政法人国立文化財機構奈良文化財研究所を経て、二〇一三年より兵庫県立人と自然の博物館研究員、二〇一九年より兵庫県立大学自然・環境科学研究所講師。

専門分野と主な活動：造園学、環境計画学。地域資源を活かした景観づくりや学習の場づくりに関するプロジェクト、文化遺産の保全活用に関する調査研究を展開。
主な著書・論文：『絵葉書からみた近代の鳴門海峡における視点場と風景の特徴に関する研究』（二〇二一）Journal of Environmental Information Science、『文化資源を活かしたまちづくりに向けたひとはくの地域支援の取り組み』（二〇一六）日本遺跡学会誌など

川野和昭（京都府立大学非常勤講師、神奈川大学日本常民文化研究所客員研究員）　［コラム①］
略歴：鹿児島県曽於郡志布志町（現・志布志市）出身。國學院大學文学部第二部文学科卒。鹿児島県立高等学校教諭、鹿児島県歴史資料センター黎明館学芸課長、総合地球環境学研究所共同研究員、國學院大學非常勤講師等を経て、現在、南方民俗文化研究所を主宰。
専門分野と主な活動：民俗学。九州山地・南九州・南西諸島とラオス北部の焼畑を中心とした竹の文化の比較研究に取り組んでいる。
主な著書・論文：「南九州とラオス北部の竹の焼畑―森の再生と持続可能な農耕―」（佐藤洋一郎監修『焼畑の環境学――いま焼畑とは』〈二〇一一〉思文閣出版）、「薩摩・大隅のモイドン（森殿）とウッガン（内神）――その変遷を中心に」（『大島半島のニソの杜の習俗調査報告書刊行記念公開シンポジウム記録集　ニソの杜と先祖祭り』〈二〇一九〉福井県大飯郡おおい町教育委員会）など

寺田仁志（鹿児島大学非常勤講師、文化庁文化財二課非常勤調査員・環境カウンセラー）　［第9章］
略歴：鹿児島県屋久島出身。広島大学理学部卒業後、鹿児島県公立高校教諭、鹿児島県立博物館学芸員、

鹿児島県庁文化財課係長、鹿児島県立埋蔵文化財センター所長を歴任。鹿児島市、十島村文化財審議会委員、環境省指定希少野生動植物種保存推進員、桜島・錦江湾ジオパーク／三島村・鬼界カルデラジオパーク学術検討委員など
専門分野と主な活動：日本生態学会、植生学会、植物分類学会。南九州を中心に天然記念物の指定・保存のための調査、生態系保存のための調査・提言を行っている。
主な著書・論文：『鹿児島植物記』（二〇一九）南方新社、『日々を彩る一木一草』（二〇〇四）南方新社、『川の生き物図鑑』共著（二〇〇二）南方新社など

田原直樹（兵庫県立大学名誉教授）［おわりに］
略歴：福岡県福岡市出身。大阪大学大学院工学研究科博士課程修了。工学博士（大阪大学）。（株）新井組、青年海外協力隊、兵庫県立人と自然の博物館、兵庫県立大学を経て、二〇一八年四月同大学名誉教授。
専門分野と主な活動：都市計画学、環境計画学。開発途上国及び歴史的環境に関心を抱いている。
主な著書・論文：『神々と生きる村　王宮の都市』共編著（一九九三）学芸出版社、『ライフストーリーでつづる国際ボランティアの歩き方』共著（二〇〇九）晃洋書房など

角野幸博（関西学院大学建築学部教授）［第11章］
略歴：京都府舞鶴市出身。京都大学工学部建築学科卒業、大阪大学大学院工学研究科博士課程修了。工学博士。広告代理店勤務、武庫川女子大学教授等を経て、二〇〇六年四月より関西学院大学総合政策学部

教授、二〇二一年四月より同建築学部教授。
専門分野と主な活動：都市計画・都市デザイン、住環境計画。都市再生、地域再生、郊外住宅地再生等の調査研究ならびに計画提案に取り組んでいる。
主な著書・論文：『鉄道と郊外』編著（二〇二二）鹿島出版会、『建築からみた日本』共著（二〇二〇）鹿島出版会など

松尾あずさ（法政大学沖縄文化研究所国内研究員）［第7章］
略歴：東京都調布市出身。中央大学文学部史学科国史学専攻卒業。法政大学大学院人文科学研究科修士課程修了。修士（学術）。多摩市文化振興財団学芸員、多摩市史編集補助員、沼津市史編集特別調査員、八王子市史編さん専門員等を経て、法政大学沖縄文化研究所国内研究員。
専門分野と主な活動：民俗学。
主な著書・論文：『沼津市史資料編　民俗』（分担執筆）（二〇〇二）沼津市、「多摩ニュータウンのドンドヤキ」『民俗学論叢』一八（二〇〇三）、「小野神社の祭礼の変遷――くらやみ祭りへの道中神輿渡御とその廃止後を中心として」『武蔵国一之宮小野神社――多摩市一ノ宮小野神社の変遷』（二〇〇五）多摩市文化振興財団、「ニュータウン開発後の年中行事の維持―東京都多摩市山王下のセーノカミ―」『西郊民俗』二四一（二〇一七）など

井原　縁（奈良県立大学地域創造学部教授）［コラム⑥、コラム⑦］
略歴：香川県高松市出身。京都大学大学院農学研究科博士後期課程修了。農学博士。奈良県立大学地域創

造学部専任講師、准教授を経て二〇一九年より同大教授。
専門分野と主な活動：造園学を専攻し、史跡・名勝等、各地の歴史文化遺産を基盤とした風景づくりに関する調査研究と計画策定等の実践を重ねている。
主な著書・論文：『47都道府県・公園／庭園百科』共著（二〇一七）丸善出版、『造園学概論』分担執筆（二〇二一）朝倉書店など

髙田知紀（兵庫県立大学自然・環境科学研究所准教授、兵庫県立人と自然の博物館主任研究員）［第8章］
略歴：兵庫県神戸市出身。東京工業大学大学院社会理工学研究科博士課程修了。博士（工学）。神戸市立工業高等専門学校都市工学科助教、同講師、准教授を経て、二〇二〇年四月より現職。
専門分野と主な活動：地域計画論、合意形成学。人間社会と自然環境との関係性としての風土性に着目し、多様な主体の対話と協働に基づき地域づくりを展開していくための実践的研究に従事。
主な著書・論文：『自然再生と社会的合意形成』（二〇一四）東信堂、「防災教育における妖怪伝承の価値」月刊『土木技術』（特集 妖怪と土木）（二〇二〇）など

本書は、令和４年度科学研究費補助金の研究成果公開促進費および基盤研究(C)
課題番号20k06109の一部を使用しました。

神宿る隣の自然
祭祀一体の緑から地域の健全な暮らし方を探る

2022年12月26日　第１版第１刷発行

編著者　上甫木昭春、押田佳子、上田萌子、大平和弘
著　者　川野和昭、寺田仁志、田原直樹、角野幸博、松尾あずさ、井原縁、髙田知紀
発　行　株式会社ＰＨＰエディターズ・グループ
〒135-0061　東京都江東区豊洲5-6-52
☎03-6204-2931
http://www.peg.co.jp/
印　刷
製　本　シナノ印刷株式会社

ISBN978-4-910739-14-4